MANAGEMENT VON WERTEN

MANAGEMENT VON WERTEN

Globale menschliche materielle und immaterielle
Werteentwicklung für eine sinnvolle Globalisierung
und ein gerechtes Weltwirtschaftssystem

GHANISHAM D. GULATI

Zum Buch:

Die heutige Form der Globali[...]d des Weltwirtschaftssystems stellen die Menschheit vor große Herausforderungen. Ich erläutere die Gründe für die Armut in den Entwicklungsländern. Mit meinem Konzept, das auf dem Grundgedanken „Hilfe zur Selbsthilfe" basiert, stelle ich konkrete Lösungsansätze vor, wie das Weltwirtschaftssystem umstrukturiert werden kann.

Als ehemaliger Unternehmer bin ich in der Welt herumgekommen, sah viel Elend und beschloss mit meine Möglichkeiten etwas dagegen zu unternehmen. Mit diesem Buch und meiner Website www.management-vonwerten.de setze ich mich für die Entwicklung globaler menschlicher Werte, eine sinnvolle Globalisierung und ein gerechtes Weltwirtschaftssystem ein.

Die Beseitigung der Armut auf der Erde liegt in unseren Händen!

Bibliografische Information der Deutschen Nationalbibliothek:
Die Deutsche Nationalbibliothek verzeichnet diese Publikation
in der Deutschen Nationalbibliografie; detaillierte bibliografische
Daten sind im Internet über http://dnb.dnb.de abrufbar.

© 2020 Ghanisham D. Gulati
Satz, Umschlaggestaltung, Herstellung und Verlag:
BoD – Books on Demand, Norderstedt
E-Book ISBN: 978-3-7504-9235-6

ISBN: 978-3-7504-5016-5

Inhalt

Kurzfassung des Inhaltes

Management von Werten

Globale menschliche materielle und immaterielle Werteentwicklung für eine sinnvolle Globalisierung und ein gerechtes Weltwirtschaftssystem

Jeder Mensch ist anders. Die Basis für die Entwicklung eines jeden Menschen sind seine Eigenschaften.

Eigenschaften führen zu Handlungsweisen. Diese wiederum produzieren materielle und immaterielle Werte.

Die Summe aller für sich selbst und für andere produzierten Werte ist die Ernte des gesamten Lebens, also die Sinnerfüllung!

Die Entwicklung der Menschheit unter den vorherrschenden Formen des derzeitigen Weltwirtschaftssystems und der Globalisierung/des Neokolonialismus führt uns meiner Meinung nach mit sehr hoher Wahrscheinlichkeit in Richtung eines Verfalles.

Wenn wir heute über die menschlichen Werte sprechen, wird gesagt: amerikanische Werte, britische Werte, europäische Werte, asiatische Werte usw. Durch die Anwendung von globalen menschlichen materiellen und immateriellen Werten für die Globalisierung und das Weltwirtschaftssystem wird der gesamten Menschheit eine enorme positive Entwicklung gegeben.

Wissen Sie, wie die materielle Entwicklung der Menschheit verläuft?

Der Hauptgrund für die weltweite Finanz- und Wirtschaftskrise, die aktuell ansteigende Arbeitslosigkeit in den Industrieländern, die Misere in den Entwicklungsländern sowie die Armut auf der Erde liegt nach meiner Meinung in der im Weltwirtschaftssystem angewandten Lehre von Adam Smith. 1760 formuliert, dient diese als Grundlage des Weltwirtschaftssystems, wodurch die Menschen, für mich unverständlich, regelrecht animiert werden, im eigenen Interesse und zum eigenen Vorteil zu handeln.

Unter „Globalisierung" und „Weltwirtschaftssystem" erfahren Sie, wie sich der Welthandelsanteil Indiens und Chinas vom 18. Jh. bis Mitte des 20. Jh. von 47,7 % auf 9,0 % reduzierte. Damit wurden beide wirtschaftlich hoch entwickelten Länder zu Entwicklungsländern degradiert.

Heute bleiben von der Wertschöpfung des global tätigen Handels, z.B. beim Import von Bekleidung und Schuhen, ca. 70 bis 80 % des Geldes im Wirtschaftsraum Europa/USA etc. und nur 20 bis 30 % fließen in den Wirtschaftsraum der Entwicklungs- bzw. Schwellenländer. Lesen Sie bitte auch, wie durch das Fischereiabkommen zwischen der EU und den westafrikanischen Ländern, z.B. für den Fischfang in Mauretanien, heute 95% der Wertschöpfung des Geldes in der EU und 5% im mauretanischen Wirtschaftsraum verbleiben.

Fair Trade, Entwicklungshilfe etc. sind von der Wirtschaft und der Politik der entwickelten Länder aufgebaute „Fassaden". Nach meiner Feststellung gibt es zwischen den als Fair Trade gehandelten Waren und dem normalen Handel mit Entwicklungsländern und Schwellenländern kaum einen Unterschied.

In den letzten 500 Jahren sowie heute wird die Form der Globalisierung, des Weltwirtschaftssystems, des Neokolonialismus sowie der Ausbeutung nur von einer Handvoll mit Macht ausgestatteter Menschen in den entwickelten Ländern bestimmt. Die restlichen Menschen in den entwickelten Ländern waren und sind wissentlich oder unwissentlich die Nutznießer dieser Ausbeutung und sind nur Mitläufer. Diese Handvoll mit Macht ausgestatteter Menschen haben die Einheit aller Existenzformen und die Tatsache, dass alle Menschen diesem Netzwerk angehören, nicht erkannt. Diese Menschen sich oft dessen nicht bewusst, dass unser Natursystem nicht im Sinne von „Nimm, was du kannst", sondern von „Gib, was du kannst" konzipiert ist.

Nach meiner Meinung ist eine Umstrukturierung der heutigen Form des Weltwirtschaftssystems und der Globalisierung nicht nur ein erreichbares Ziel, sondern unabdinglich.

Wie entstehen die Eigenschaften und Handlungsweisen von Menschen? Wie steuern diese zur einzigartigen Entwicklung eines jeden bei? Wie produziert jeder Mensch materielle Werte (Geld, Immobilien usw.) und immaterielle Werte (Hilfe zur Selbsthilfe durch Toleranz, Respekt, Mitgefühl usw. oder eben Verletzung von Rechten anderer Menschen bzw. anderer Existenzformen durch Ausbeutung, Überheblichkeit, Egoismus usw.) durch seine individuellen Handlungsweisen?

Menschen mit globalen negativen menschlichen immateriellen Werten haben z.B. folgende Merkmale:

Überheblichkeit, Hochmut, Anmaßung, Zorn, Rauheit, Heuchelei, Unwahrheit, Verblendung, Aggressivität, Egoismus, fehlendes Wissen über Verhaltensregeln zwischen Menschen, Nichtbeachtung der Rechte anderer Beteiligter, fehlendes Wissen über die Grenzen der eigenen Freiheit und Verletzung der Freiheit von anderen Menschen/anderen Daseinsformen auf der Erde, nehmende Haltung (nimm so viel wie möglich);

Angst, abgrenzende Haltung – ich, meine Familie, mein Dorf, meine Stadt, mein Land, meine Gruppe von Ländern, mein Kontinent; Unterteilung anderer Menschen in Feind und Freund; Gewaltanwendung/Kriege, um die Feinde zu töten;

übermäßige materielle Einstellung – so schnell wie möglich reich zu werden –, falls erforderlich auch auf Kosten anderer und/oder mit unfairen Mitteln;

Lebensfreude und Wohlergehen hauptsächlich aus materiellem Besitz erlangen, diesen materiellen Besitz zur Schau stellen und das Festhalten an materiellem Besitz.

Menschen mit globalen positiven menschlichen immateriellen Werte haben z.B. folgende Merkmale:

Diese Menschen sehen die Einheit des gesamten Daseins (Universum, Erde, Pflanzen, Tiere, Menschen usw.). Sie sehen die Gattung Mensch als eine Einheit über die Grenzen der Länder, Religionen, deren Verschiedenheit und Entwicklungszustand. Sie sehen, dass alles als ein Netzwerk miteinander und voneinander abhängig verbunden ist.

Sie sind auch unter schweren Lebensbedingungen gleichmütig. Sie haben unendliche Geduld. Unter schweren Vorwürfen und Verleumdungen fühlen sie sich nicht beleidigt. Selbstkritisch untersuchen und korrigieren sie gegebenenfalls ihre Haltung und Handlungen. Oder sie verzeihen den anderen, falls dies nicht zutrifft. Diese Menschen helfen anderen sich positiv zu verändern.

Diesen Menschen gelingt es, sich die höchste Stufe der positiven Eigenschaften anzueignen und sich für das gesamte Dasein einzusetzen. Diese Menschen wissen ganz klar und deutlich, dass sich jede Daseinsform und jeder Mensch auf der Zeitachse in der Entwicklung befindet.

Diese Menschen unterteilen die anderen nicht in Freund und Feind. Sie haben das Bewusstsein, alle anderen Menschen unabhängig von deren Verhaltensweisen, welche Werte sie auch produzieren oder auf welchem Entwicklungsstand diese stehen, bedingungslos so zu akzeptieren, wie sie sind. Diese Menschen sind selbstlos.

Deren Glücksgefühle entspringen aus dem Glücklichmachen von anderen.

Auch wenn andere Menschen ihnen bewusst Leid zufügen, bleiben sie auf dem positiven Weg und helfen ihnen aus solchen negativen Handlungen herauszukommen.

Ihre Entscheidung

Sie können entscheiden, ob Sie die Gefahr, die aus der globalen Armut/ dem Elend hervorgeht und uns allen großen Schaden zufügen kann, so weiter laufen lassen oder ob Sie jetzt handeln möchten. Durch die Bereitstellung des eigenen Überflusses als „Hilfe zur Selbsthilfe" für eine sinnvolle materielle Entwicklung von bedürftigen Menschen in den Entwicklungsländern können Sie diese Gefahr vermindern. Klicken Sie bitte auf den Menüpunkt „Meine Lösungen – wie ist Ihr Weg?" – Detailfassung und lesen Sie bitte dort unter Punkt 1 „Die Menschheit – Sinn", dass Sie als Mensch, egal wo Sie auf der Erde leben, nicht auf die erforderlichen Reformen in Politik, im Weltwirtschaftssystem, in den Religionen oder Handlungsweisen von anderen Menschen zu warten brauchen. Sie lesen, wie Sie z.B. als Durchschnittsverdiener durch die Entbehrung von nur 30 Euro pro Monat ein armes Kind in einem Entwicklungsland zu einem gesunden Menschen in unserer Weltgemeinschaft werden lassen können. Lesen Sie bitte weiter, wie Sie als Überdurchschnittsverdiener, vermögende Personen, Millionäre, Milliardäre oder als politisch Verantwortliche oder Verantwortliche eines Wirtschaftsunternehmens der unfairen Verteilung des oben beschriebenen Wertschöpfungsbetrages zwischen entwickelten Ländern und Entwicklungsländern/Schwellenländern entgegenwirken können und damit Armut und Elend in Afrika, Südamerika und Asien wahrhaftig vermindern können. Sie werden gemäß meinen Feststellungen eine wirkliche Lebensfreude erfahren, die Sie bisher nicht erlebt haben, wenn Sie mit Ihren besten Möglichkeiten diesen Weg gehen.

Folgende Lösungen wurden für die Religionen, die Politik sowie für das Weltwirtschaftssystem vorgeschlagen:

Alle Religionen sind aufgefordert, gemeinsam einen globalen Verhaltenskodex für die materielle und immaterielle Entwicklung aller Menschen zu erarbeiten.

Eine politische, weltweit zuständige Dachorganisation – Weltregierung – sollte geschaffen werden. Aufgabe dieser neuen Weltregierung wird es sein, in Zusammenarbeit mit den Regierungen nach dem Prinzip des politischen Föderalismus Rahmenbedingungen für eine sinnvolle materielle und immaterielle Entwicklung aller Menschen auf der Erde zu realisieren.

Es ist sinnvoll, das heutige Weltwirtschaftssystem in ein allen Menschen dienendes Weltwirtschaftssystem umzustrukturieren, das auf den folgenden Grundgedanken basiert: Menschen handeln nicht im eigenen Interesse und zu ihrem eigenen Vorteil; durch „Hilfe zur Selbsthilfe" werden die entwickelten Länder wie die USA, die Länder der EU usw. sicherstellen, dass die Entwicklungsländer, soweit sie dies für sich sinnvoll und erforderlich halten, industrialisiert werden; danach wird jedes Land bzw. jede Gruppe von Ländern, die Produkte selbstständig, soweit möglich und sinnvoll, für den eigenen Bedarf produzieren; Rohmaterialien werden pro Person auf der Erde aufgeteilt; das weltweit produzierte Wissen auf der Erde wird sofort den anderen Erdbewohnern zur Verfügung gestellt; die Konkurrenz zwischen Menschen/Ländern/Gruppen von Ländern/Kontinenten ist anders geregelt: Jeder arbeitet hart, gibt sein Bestes und erlebt dadurch den positiven Aspekt der Konkurrenz.

Ergebnis

Welche Ergebnisse und Vorteile können Sie erwarten? Die Ausbeutung und Kriege in der Welt werden aufhören. Die Arbeitsplätze wandern nicht aufgrund günstigerer Produktionskosten in ein anderes Land, sondern bleiben im eigenen. Es wird kaum noch Arbeitslosigkeit geben. Damit werden überall Menschen existieren, die gemeinsam zur weiteren Entwicklung aller Menschen sowie anderer Existenzformen auf der Erde beitragen.

Globalisierung und Neokolonialismus

1. Globalisierung

Die Globalisierung (dieses Wort existiert seit dem 20. Jh. Davor gab es andere Begriffe, die diesen Vorgang bezeichnet haben) ist ein Prozess der Verschmelzung oder Verflechtung von einzelnen bzw. mehreren, eigenständig existierenden Einheiten wie Individuen, Gesellschaften, Institutionen und Staaten in den Bereichen Wirtschaft, Politik, Kultur, Umwelt usw.

- Ist dieser Prozess neu?
- Wann hat er begonnen?
- Entwickelt er sich bereits seit Ewigkeiten?
- Begann er mit der Entstehung unseres Universums?
- Oder mit der Entstehung der ersten Bakterien auf der Erde?
- Fing es mit der Entstehung der Menschheit an?
- Oder erst mit der Entstehung von afrikanischen und asiatischen Altkulturen?
- Mit den Feldzügen Alexanders des Großen ca. 350 vor Christus nach Persien/Indien usw.?
- Mit den Feldzügen von Dschingis Khan aus der Mongolei im 13. Jh. in die Ukraine, nach Afghanistan und Indien usw.?
- Mit dem 15. Jh., als die Europäer begannen, in der Welt ihren Einfluss zu erhöhen?
- Mit Vasco da Gama, als er 1498 an der indischen Malabarküste landete, damals schon ein internationales Handelszentrum für Textilien, Gewürze etc.?
- Fing er mit dem Ende des Zweiten Weltkrieges an?
- Oder nach dem Zerfall der Sowjetunion?
- Wie haben wir Menschen die Globalisierung bis jetzt gestaltet und was haben wir dabei erreicht?

- Lassen Sie uns die Betrachtung und Analyse der menschlichen Entwicklung auf die Zeit seit dem 15. Jh. begrenzen.
- Wie die menschliche Entwicklung in China, Indien und anderen Ländern unter den vorherrschenden Formen der Globalisierung und des Weltwirtschaftssystems um Jahrhunderte zurückversetzt wurde und wie sie auch den Menschen in den entwickelten Ländern heute Schaden zufügt, zeigen Ihnen die folgenden Details.

1.1 Die materielle und immaterielle menschliche Entwicklung in verschiedenen Ländern und auf diversen Kontinenten vor dem 15. Jh.

Lassen Sie uns nicht viel Zeit für die Entwicklung des Menschen in Urzeiten, im Nomadendasein und zu Beginn der ansässigen Kulturen auf der Erde verwenden. Um den Hintergrund der heutigen Gegebenheiten auf der Erde zu verstehen, lesen Sie bitte Folgendes:

Im Mittelalter war in Europa und im Rest der Welt der Feudalismus verbreitet – feudale Strukturen, bestehende Hierarchien und klar abgegrenzte Standesordnungen der sozialen Schichten. Die verschiedenen Stände waren Knechte, Bauern und Bürger, Grundherren, Adlige, Fürsten, Könige oder Kaiser etc. Der Knecht war dem Bauer unterstellt, er war sein „Herr" usw. Der letzte „Herr" war der König oder Kaiser. Dieser war angeblich Gott unterstellt und damit sein Diener.

Nicht nur seit dem Mittelalter in Europa, sondern seit der Entstehung der Menschheit waren in der ganzen Welt ähnliche oder den Gegebenheiten angepasste soziale Schichten vorhanden. Gewalt, Ungerechtigkeiten und Kriege waren im menschlichen Zusammenleben auf der Tagesordnung. Durch die Anwendung der oben beschriebenen, überwiegend negativen Eigenschaften wurde in der ganzen Welt von einigen Menschen in kleinen sowie großen Gruppen Macht gegen andere Menschen ausgeübt.

Es fanden immer wieder Konflikte bzw. Kriege aufgrund wirtschaftlicher Ansprüche, religiöser Auseinandersetzungen, Gebietsansprüche usw. statt. Die Anwendung negativer Verhaltensweisen wie Gewalt oder Ungerechtigkeit hat uns vernichtende Ergebnisse gebracht.

1.2 Die materielle und immaterielle menschliche Entwicklung in verschiedenen Ländern und auf diversen Kontinenten ab dem 15. Jh. bis Mitte des 20. Jh.

Ein Individuum, das Lust auf Essen hat, wird mit Lust essen. Erhöht dieser Mensch die Quantität dieser Essenslust, kann er im Allgemeinen zu dick werden und wahrscheinlich langfristig Gesundheitsprobleme bekommen.

Dieser Mensch kombiniert diese negative Eigenschaft zusätzlich mit der Eigenschaft der ungerechten Handlungen gegenüber anderen Familienmitgliedern. Er verwendet erhebliche Summen aus dem Familieneinkommen für den eigenen Lebensunterhalt. Falls die anderen Familienmitglieder sich darüber beschweren, entwickelt diese Person Machtinstrumente, um andere zum Schweigen zu bringen.

Seit der Entstehung der Menschheit haben solche Menschen in der ganzen Welt mit Gewalt, Ungerechtigkeiten, Ausbeutung und Kriegen etc. das Zusammenleben von Menschen bestimmt. Da wir in Europa leben, lassen Sie uns den Kreis solcher Individuen in einigen europäischen Ländern mit solchem Verhalten vergrößern und der Frage nachgehen, was geschehen ist.

Seit dem 15. Jh. hatten hauptsächlich Händler und Geschäftsleute aus Portugal, Spanien, Frankreich, Großbritannien (später auch aus den Niederlanden und Deutschland) angefangen, auf dem Seeweg andere Kontinente zu bereisen. Diese Händler und Geschäftsleute sowie später die Verantwortlichen aus den jeweiligen Regierungen haben damals die oben genannten Verhaltensweisen angewandt. Außerdem haben die damaligen

Machthaber Systeme wie Imperialismus, Kolonialismus, Sklaverei, Ausbeutung usw. eingerichtet. Was ist dabei entstanden?

Amerika

Damals gab es kein Nord- und Südamerika. Um das Jahr 1500 lag die Bevölkerungszahl im heutigen Nordamerika bei ca. 10 Millionen, im heutigen Südamerika bei ca. 15 Millionen Menschen. Diese Urvölker waren höchstwahrscheinlich asiatischen Ursprungs und hatten schon Ackerbau und Viehzucht betrieben. Später wurden sie von den Spaniern Indianer genannt. Neben den Nomaden gab es entwickelte Kulturen. Nach Erkundungsbesuchen wurde ab Ende des 15. Jh. hauptsächlich durch die machthabenden Portugiesen, Franzosen, Spanier und Engländer die Vernichtung dieser Menschen eingeleitet.

80 bis 90 % dieser Menschen wurden durch Gewalt, Verrat, Ausbeutung, durch die bewusste Verbreitung von Krankheiten wie Malaria, Typhus, Diphtherie usw., durch eine deutlich überlegenere Waffentechnik, durch die bewusste Erzeugung von Konflikten zwischen den Einheimischen, durch Waffenlieferungen an die Einheimischen, um sich gegenseitig bekriegen zu können usw., vernichtet.

Australien

Bevor die Europäer auf den Kontinent kamen, lebten in Australien 0,5 bis 1 Million Ureinwohner – die Aborigines. Seit dem 18. Jh. führten dort die englischen Machthaber den Kolonialismus ein. Diese Ureinwohner wurden mit den gleichen Methoden wie in Amerika dezimiert.

China und Indien

Nach der Landung Vasco da Gamas 1498 an der Malabarküste Indiens etablierten verschiedene europäische Länder Unternehmen in Indien, um Handel zu betreiben.

Anfang des 17. Jh. wurden die Händler und Geschäftsleute aus Großbritannien aktiv. Sie gründeten die „East India Company". Durch den Einsatz der oben beschriebenen negativen Aktivitäten und nach den Kriegen mit Franzosen und Einheimischen war es Großbritannien gelungen, sich ab dem Jahr 1757 als Kolonialmacht in Indien zu etablieren und ab 1857 jegliche Kontrolle über Indien auszuüben.

Die Chinesen hatten im 17. Jh. den Ausländern für die Durchführung des Handels bewusst Restriktionen gesetzt. Dies änderte sich mit der Kolonialisierung Indiens. Durch den Dreieckshandel zwischen Großbritannien, China und Indien wurde aus Indien Opium nach China exportiert mit dem Ziel, die Handelsbilanz zu stabilisieren und, so wird es in einigen Quellen behauptet, um die Chinesen vom Rauschgift abhängig zu machen. Maßnahmen der chinesischen Regierung gegen die eigene Bevölkerung und Verhandlungen mit Großbritannien verschlimmerten die Situation des Opiumkonsums.

Zwischen 1821 und 1837 vervielfachte sich das konsumierte Opium. Schließlich wurde von 1839 bis 1842 der Erste Opiumkrieg zwischen China und Großbritannien geführt. Die Chinesen verloren den Krieg. Das Ergebnis waren die Öffnung mehrerer chinesischer Handelshäfen, die Duldung des uneingeschränkten Opiumhandels sowie die Übergabe Hongkongs an Großbritannien. Der Verfall Chinas war damit in die Wege geleitet.

Afrika

Im 14. Jh. waren Händler und Geschäftsleute aus Portugal damit erfolgreich, das Goldhandelsmonopol der Araber in Westafrika zu brechen. Die Händler und Geschäftsleute brachten Elfenbein, Gold und afrikanische Sklaven heim.

Nach der Entdeckung Amerikas hatten die damaligen Handelskompanien aus Portugal, Holland, Frankreich und Großbritannien den sogenannten Dreieckshandel zwischen Europa, Amerika und Afrika zustande gebracht. Die enormen Gewinne brachten den Mutterländern ungeheuren Reichtum. Gegen Waffen und Schnaps aus Europa wurden in Afrika sehr billige Sklaven gekauft. Diese wiederum konnten auf den karibischen Inseln und in anderen Teilen Amerikas an neue, aus Europa eingewanderte Plantagenbesitzer gegen Gold und Silber verkauft werden. Auf diesen Plantagen wurden tropische Agrarprodukte wie Baumwolle, Kaffee, Tabak, Zucker etc. erzeugt.

Die Erzeugung vor allem von Zucker war extrem arbeitsintensiv. Dadurch war die Nachfrage nach afrikanischen „Negersklaven" sehr hoch. Später wurden die Sklaven gegen erzeugte Produkte ausgetauscht, um z.B. die Baumwolle als billigen Rohstoff für die Textilindustrie nach England zu liefern.

Als der Bedarf wuchs, wurde die „Sklavenjagd" auch im Inneren des Kontinents durchgeführt. Man brachte die Menschen dann zu Schiffen an die Küste. Um zu verhindern, dass unterwegs jemand verloren ging, befestigten die Händler den rechten Arm des Sklaven mit einer eisernen Krampe an einem schweren Holzklotz, den der Sklave schleppen musste. Vor der Verschiffung wurde an der Brust jedes Sklaven ein Zeichen der Handelsgesellschaft mit glühenden Eisenstangen eingebrannt. In den Schiffen wurden diese Menschen mit Ketten gefesselt und in engste Räume wie Tiere gepfercht.

Bis Ende des 19. Jh. war praktisch ganz Afrika unter europäischer Herrschaft.

Afrika verlor zwischen dem 15. und 19. Jh. schätzungsweise 50 Millionen Menschen (ermordet, gefallen in Gefechten, Selbstmord, Transport nach Amerika usw.). Nach dem Zweiten Weltkrieg begann die Dekolonisation Afrikas.

Europa

Wie Sie oben gelesen haben, ist die europäische Geschichte voll von Kolonialisierung, Kriegen und Ausbeutung von anderen Völkern auf der Erde sowie Kriegen innerhalb Europas. Andererseits wissen wir, dass sich nach dem Zweiten Weltkrieg die Situation des Zusammenlebens in Europa positiv entwickelt hat.

1.3 Neokolonialismus vom Ende des Zweiten Weltkrieges bis 2008

In Zeiten des Kolonialismus haben die europäischen Länder die Ausbeutung der heutigen Entwicklungs- und Schwellenländer durch die direkte Beherrschung (Besetzung des Landes) erreicht. Nach der Beendigung des Kolonialismus ca. Mitte des 20. Jh. wurde diese direkte Beherrschung durch den Neokolonialismus – eine indirekte Beherrschung – ersetzt. Die Mechanismen des Neokolonialismus sind wie beim Kolonialismus die Erzeugung von militärischen, politischen, kulturellen, technologischen, finanziellen und wirtschaftlichen Abhängigkeiten.

Die verantwortlichen Machthaber in der Politik und in den Wirtschaftsunternehmen in den USA und in Europa sind bis heute bestrebt, mithilfe der Instrumente des vorherrschenden Weltwirtschaftssystems eine Kontrolle über die Rohstoffe, die Finanzen und die Wirtschaft der Entwicklungs- und Schwellenländer auszuüben und damit eine indirekte Ausbeutung dieser Länder sicherzustellen.

Fair Trade, Entwicklungshilfe etc. sind von der Wirtschaft und der Politik der entwickelten Länder aufgebaute „Fassaden". Zwischen den als „Fair Trade" gehandelten Waren und dem normalen Handel mit Entwicklungsländern und Schwellenländern gibt es kaum einen Unterschied. Die gesamten „Fair Trade"-Aktivitäten sowie die Entwicklungshilfe etc. kompensieren den Entwicklungsländern und Schwellenländern einen Bruchteil der oben erwähnten Ausbeutung.

Wir normalen Menschen können zuschauen, was noch passiert und weitere Erzeugung von Elend und Armut auf der Erde bringt. Aber meiner Meinung nach werden unsere kommenden Generationen die Frage stellen, warum wir in der heutigen entwickelten Welt nicht gewaltlos dagegen protestiert haben.

1.4 Die materielle und immaterielle menschliche Entwicklung in verschiedenen Ländern und auf diversen Kontinenten heute

Indianer und Afroamerikaner in Nordamerika und Aborigines in Australien

Heute sind die Einwohner in den USA zu ca. 72 % europäischer Herkunft, ca. 13 % sind ehemalige Sklaven aus Afrika – die Afroamerikaner –, 9 % sind lateinamerikanischer Herkunft, 3 % sind asiatischer Herkunft und ca. 3 % stammen von den verbliebenen Ureinwohnern, den Indianern, ab.

Heute sind ca. 75 % der Australier Nachkommen der eingewanderten Engländer und Iren, 24 % kommen aus dem restlichen Europa und Asien und nur ca. 1 % sind Ureinwohner.

Die Indianer in den USA und Kanada sowie die Aborigines in Australien leben hauptsächlich in damals geschaffenen Reservaten, weit weg von der Zivilisation, nur wenige sind in die näher gelegenen Städte umgezogen. Diese Menschen sind eher eine Randgruppe mit wenig oder keiner Anerkennung. Die meisten leben zurückgezogen mit häufig auftretenden Armutsmerkmalen – Arbeitslosigkeit, Gewalt, Alkohol- und Drogenmissbrauch, geringerer Lebenserwartung durch Krankheiten und schlechte medizinische Versorgung.

Obwohl laut Gesetz die Afroamerikaner in den USA und Kanada gleichberechtigt sind, leben sie immer noch überwiegend als Menschen zweiter Klasse in abgesonderten armen Stadtvierteln und zeigen überwiegend die oben beschriebenen Armuts- und Entwicklungsrückstandsmerkmale.

Mittelamerika/Südamerika

Brasilien gilt heute als ein Schwellenland. In bestimmten Veröffentlichungen werden auch Mexiko und Argentinien zu den Schwellenländern gezählt. Alle restlichen Länder sind Entwicklungsländer. Warum ist das so?

Die Aufstände im 19. und 20. Jh. in den damaligen Kolonien brachten keinen Erfolg. Die Bildung selbstständiger Staaten nach Ende des Zweiten Weltkrieges erfolgte nach den Herrschaftsstrukturen in Spanien und Portugal. In einigen Ländern herrschen heute Korruption, Drogenhandel, Finanzkrisen usw.

China und Indien

China und Indien haben nach dem Ende des Zweiten Weltkrieges von der veränderten Weltpolitik und der wirtschaftlichen Lage in Europa und den USA profitiert. Beide Länder sind verschiedene Wege gegangen. Nach

Ende des Bürgerkrieges im Jahr 1949 musste China unter den gegebenen Umständen kommunistisch werden. Indien hat 1947 durch demokratische Prinzipien und Gewaltlosigkeit seine Freiheit von den Engländern erlangt.

Beide Länder haben heute noch ihre großen Probleme der Armut und Rückständigkeit zu lösen, Indien viel mehr als China. Wie es den beiden Ländern gelingt, die heutigen Formen der Globalisierung bzw. des Weltwirtschaftssystems zu überstehen, wird die Zeit zeigen.

Aber wird es beiden Ländern gelingen, durch neue Wege der Entwicklung sowohl die heutige Armut und den Entwicklungsrückstand zu beheben als auch ihren Beitrag dazu zu leisten, die Menschheit aus dem Teufelskreis der Gewalt und der unausgewogenen Entwicklung zu befreien?

Afrika

Es bedarf keiner großen Erklärungen und Details des heutigen Entwicklungszustands der meisten Menschen auf diesem Kontinent. Das Fernsehen zeigt uns häufig genug Bilder von Kriegen, Gewalt, Armut, Krankheiten, Korruption und dem schlechten Zustand der Kinder. Warum ist die Situation dort so prekär? Wenn Sie die tieferen Hintergründe erfahren möchten, bitte ich Sie, das Kapitel „Weltwirtschaftssystem" zu lesen.

Europa/Nordamerika/Australien

Die Menschen in Europa, den USA und Kanada sowie Australien haben in den letzten 500 Jahren eine sehr positive materielle Entwicklung durchlebt. Aufgrund der Fortschritte in den Bereichen Landwirtschaft, Technik, Informationstechnologie, Medizin usw. ist es gelungen, ein menschenwürdiges und längeres Leben zu ermöglichen. Dieses ist eine großartige materielle Entwicklung für uns.

Die Beseitigung feudaler Herrschaftsstrukturen und die Schaffung von Demokratien in Europa sind bahnbrechende Entwicklungen für die ganze Welt gewesen.

Wir, die Bevölkerung im Westen, haben für die weitere Entwicklung zwei Möglichkeiten: 1. Nicht mehr „passiver Mitläufer" zu sein, sondern „aktiver Mitgestalter" zu werden. 2. Weiterhin als „passiver Mitläufer" den auf den folgenden Seiten dargestellten und zur negativen menschlichen Entwicklung führenden Weg mitzugehen.

Afghanistan-Krieg

Der Krieg gegen Afghanistan im Jahr 2001 ist nicht der erste, sondern der fünfte Krieg zwischen der westlichen Welt und Afghanistan. Seit dem 19. Jh. befindet sich Afghanistan im weltpolitischen Spannungsfeld.

1838–1842 sowie 1878–1881 drangen die Briten mit ihrer damals in Indien stationierten Armee in Afghanistan ein. Das Ergebnis war der Friedensvertrag, wonach die afghanische Außenpolitik Großbritannien übertragen wurde. Erst nach dem dritten Krieg zwischen England und Afghanistan im Jahr 1919 erlangte Afghanistan wieder seine volle Unabhängigkeit.

Das vierte Mal geriet Afghanistan in das Spannungsfeld zwischen Russland und den Westmächten USA und England, als dort eine kommunistische Regierung Anfang 1978 an die Macht kam. Von Anfang 1978 bis Ende 1979 herrschte in Afghanistan Bürgerkrieg. 1979–1989 waren sowjetische Truppen in Afghanistan. Nach Abzug der sowjetischen Truppen herrschte in Afghanistan erneut Bürgerkrieg.

Während des Bürgerkriegs bildeten sich die radikalen aus Pakistan operierenden Taliban, brachten ca. 75 % des Landes unter ihre Kontrolle und etablierten dort 1997 eine islamische Diktatur. Finanziell und materiell wurden die Taliban von Pakistan unterstützt. Ob und wie weit diese Mittel aus den USA und Großbritannien kamen, wird irgendwann die Geschichte ans Tageslicht bringen.

Und dann kam der fünfte Afghanistan-Krieg im Jahr 2001. Nach Ermittlungen wurde festgestellt, dass der terroristische Anschlag am 11. September 2001 gegen das World Trade Center in New York von der Terroristengruppe „al-Qaida" – von den Taliban geduldet und unterstützt – geplant und ausgeführt wurde. Als Reaktion schlugen die USA und ihre Verbündeten am 7. Oktober 2001 in Afghanistan zu.

Irak-Krieg

Der 2003 von den alliierten Truppen (USA, Großbritannien, Polen usw.) durchgeführte Krieg gegen den Irak war nicht der erste Einmarsch in dieses Gebiet, sondern praktisch eine Wiederholung der vor etwa 90 Jahren auf diesem Gebiet stattgefundenen Auseinandersetzungen.

Das Gebiet des heutigen Irak und die Türkei gehörten vor 90 Jahren zu dem von 1299 bis 1920 existierenden Osmanischen Reich. Dieses hatte langandauernde Auseinandersetzungen mit Russland und den westeuropäischen Ländern. Beschränken wir uns hier auf die Auseinandersetzungen vom Ersten Weltkrieg bis zum Krieg im Jahre 2003.

1917–1920
1917 führten britische Truppen eine Invasion durch und besetzten Bagdad. 1920 wurden Mosul und Basra auch besetzt, man benannte dieses Gebiet „Irak". Der damalige Völkerbund gab Großbritannien die Vollmacht über dieses Gebiet.

1921
Installation einer Monarchie im Irak mit König Faisal durch Großbritannien.

1929

Gründung der „Irak Petroleum Company (IPC)" durch westliche Ölkonzerne. Die Besitzer waren:

- BP + Total + Shell ca. 70 %
- ESSO + Mobil ca. 25 %
- Öl-Händler Gulbenkian 5 % (ein englischer Agent)

1932

Abschaffung der Vollmacht Großbritanniens über den Irak.

1941

Erfolgloser Aufstand der irakischen Bevölkerung gegen die starke Rolle Großbritanniens.

1958

Armeeputsch. Ermordung König Faisals II. Ausrufung der Republik Irak.

1964–1968

Mehrere Putschversuche führten zur Entstehung der bürgerlich-nationalistischen und nicht demokratischen Baath-Partei, Machtübernahme durch diese Partei.

1972

Ölförderung durch die staatliche „Irak National Oil Company (INOC)" mit Geldern, die von Russland geliehen wurden.

1979

Saddam Hussein wurde Präsident des Irak.

1980–1988

Krieg zwischen dem Irak und dem Iran.

1990

Invasion des Irak in Kuwait.

1991

Beendigung des Krieges zwischen dem Irak und Kuwait durch die Armeen der USA und der Alliierten.

2003

Im Jahr 2003 marschierten US- und britische Streitkräfte im Irak ein und deklarierten dieses Vorgehen als Präventivkrieg. Laut UN-Charta muss ein militärischer Angriff eines Staates für die Selbstverteidigung aber vom UN-Sicherheitsrat legitimiert werden. Hier war das nicht der Fall. Dementsprechend wird von den Kritikern und Rechtswissenschaftlern dieser Einmarsch als Angriffskrieg bewertet.

Die Streitkräfte der „Koalition der Willigen" hatten ein erheblich stärkeres Militär, hoch entwickelte Waffen usw. Es war ein kleines Problem, den Irak einzunehmen.

Was haben uns die Kriege in Afghanistan und im Irak bis jetzt gebracht?

Mehr als 1 Million Zivilisten wurden getötet.

Tausende von Soldaten mussten ihr Leben opfern.

Die Kosten alleine für die USA nur für den Irak-Krieg belaufen sich auf Billionen US-Dollar.

1.5 Neokolonialismus nach der Finanzkrise 2008

Nach der Finanzkrise in den westlichen Ländern im Jahr 2008 erhöhten sich die Geschwindigkeit und die Intensität des Neokolonialismus, wobei andere Vorgehensweisen zum Tragen kamen. Nach meiner Meinung wählen die verantwortlichen Machthaber folgende Vorgehensweise: Negative Propaganda über die Schwächen des ins Visier genommenen Landes verbreiten, dort in den einheimischen Gruppen bewusst Konflikte erzeugen oder bereits vorhandene Konflikte für eigene Zwecke ausnutzen, über eigene Kontakte in dem Land den Aufständischen Geld und Hilfe zukommen lassen, Waffen liefern usw. Falls das alles nicht hilft, dann mit eigenem Militär in diesem Land einmarschieren. Die Kriege und Unruhen seit 2009 in den Ländern von Nordafrika wie Tunesien, Algerien, Libyen, Ägypten etc., der Einmarsch der französischen Truppen in Mali und in der Zentralafrikanischen Republik ohne einen Beschluss des UN-Sicherheitsrats und der Einmarsch von französischen Truppen in Syrien belegen diese These.

Nach meiner Auffassung könnte dahinter auch das „DESERTEC-Projekt" stecken. Hierbei handelt es sich um ein europäisches Projekt, das die Erzeugung von Ökostrom mit erneuerbaren Energien wie Wind- und Sonnenenergie etc. in Europa und von Nordafrika bis Indien sicherstellen soll. Wie es bisher aussieht, wird dieses Projekt nicht durch die Sicherstellung von wirtschaftlichen Vorteilen aller beteiligten Länder, sondern durch Ausbeutung von bestimmten Völkern zustande gebracht. Es sind Parallelen zu erkennen zu dem Vorgehen der britischen Truppen in den Jahren 1917–1920, die wegen Öl eine Invasion in das heutige Gebiet des Irak durchgeführt haben.

Wie ist die Situation im Jahr 2020? Es gibt Krieg in Libanon, in Syrien, Unruhen in Hongkong, Konflikte zwischen den USA und Iran usw. usf.

Was sind die tieferen Gründe für die bis heute durchgeführten vernichtenden Handlungen seit den letzten 500 Jahren? Für diese Informationen lesen Sie bitte unter dem Link „Weltwirtschaftssystem".

Weltwirtschaftssystem

Der Handel zwischen Ländern und Kontinenten hat eine sehr lange Tradition. Schon damals haben die weit auseinander lebenden Menschen der Indus-Kultur (2600–1900 vor Christus), der sumerischen Kultur und später der assyrischen Kultur (2000–1600 vor Christus) miteinander Handelsbeziehungen gepflegt. Über die weltbekannte „Seidenstraße", die sich vom Mittelmeer aus bis nach Ostasien erstreckt (über Ägypten, Persien, Indien, China), wurden Gewürze, Seide, Glas, Porzellan, Gold und Edelsteine als Handelsgüter transportiert.

Adam Smith – Reichtum der Nationen

Die Grundlagen unseres heutigen Weltwirtschaftssystems stammen jedoch aus dem 18. Jh. Diese wurden damals von Adam Smith in sechs Werken – „The Wealth of Nations" – veröffentlicht und haben sich mit einigen kleinen Veränderungen bis heute weltweit als ein als legitim betrachtetes freies Markwirtschaftssystem etabliert. In den letzten ca. 250 Jahren ist über dieses System sehr viel Literatur erschienen. Ich möchte mich daher nicht mit Details beschäftigen. Lassen Sie mich aber bitte drei grundlegende Ideen dieses Systems beschreiben.

Adam Smith schreibt:

1. In einer freien Marktwirtschaft sollen alle Menschen im eigenen Interesse und zum eigenen Vorteil handeln. Diese Vorgehensweise wird das Wohlergehen aller anderen Menschen fördern. Seine eigene maximale Entwicklung wird eine maximale Entwicklung von anderen Menschen sicherstellen. Dieses wird durch eine sogenannte „unsichtbare Hand" ermöglicht. Diese „unsichtbare Hand" funkti-

oniert durch die allgemein empfundene Sympathie zwischen den Menschen.

2. In „Reichtum der Nationen" fordert Adam Smith die einzelnen Nationen auf, in einer freien Weltwirtschaft miteinander Handel zu treiben, in Wettbewerb zu treten und zu konkurrieren. Um den größten Wohlstand für die Menschen zu erreichen, schlägt er vor, dass sich jedes Land auf bestimmte Produkte spezialisiert und seinen restlichen Bedarf mit Tauschhandel deckt.

3. Adam Smith schreibt: „Nach dem natürlichen Lauf der Dinge wird in jedem sich entwickelnden Land das Kapital zunächst in die Landwirtschaft, später in das Gewerbe und zuallerletzt in den Außenhandel gelenkt."

Lassen Sie uns bitte mit dem oben beschriebenen Weltwirtschaftssystem ein Beispiel zwischen zwei Ländern – Großbritannien und Indien vom 17. Jh. bis zum 20. Jh. – betrachten. Lassen Sie uns die Geschehnisse in Indien punktweise in diesem Zusammenhang vor Augen führen:

1. Bis zum 17. Jh. war Indien einer der weltweit größten Lieferanten von Textilien und Gewürzen verschiedener Art usw. Im 17. Jh. waren China und Indien die international führenden Wirtschaftsmächte. Damals betrug der Anteil des Welthandels von China und Indien ca. 45 %, also etwa so viel wie heute Europa und die USA. Die in Europa begehrten Produkte wie feine Seide, Baumwolle, Textilien, Porzellan, Gewürze etc. wurden dort in einfachen Manufakturen hergestellt und exportiert.

2. Das grundlegende Wissen der Weltwirtschaft „The Wealth of Nations" von Adam Smith erschien 1776.

3. Wie oben beschrieben, führten die Engländer im 18. und 19. Jh. Kriege

mit den Portugiesen und den Franzosen in Indien. Die „East Indian Company" übernahm mit eigener Armee von 1757 bis 1857 die Kolonialherrschaft über ganz Indien. Danach wurde Indien der britischen Krone unterstellt.

4. Von 1700 bis 1760 betrug der Einfuhrwert der Rohbaumwolle für die britische Textilindustrie ca. 1–2 Millionen Pfund pro Jahr. Ab 1780 wuchs er auf 8 Millionen Pfund pro Jahr und stieg dann bis 1820 schlagartig auf bis zu 33 Millionen Pfund pro Jahr. Der Grund: Großbritannien eignete sich von den Indern Wissen zur Textilherstellung an, entwickelte dieses weiter und fing selbst an, für die Welt zu produzieren. Die Menschen in Indien wurden dadurch arbeitslos. Die britische Agrargesellschaft und später die europäische und die der USA bewegten sich zur Industriegesellschaft.

Welche wirtschaftlichen Ziele haben die damaligen interessierten Kräfte in Großbritannien mit dem Einsatz von Gewalt, Kriegen und Imperialismus erreicht?

Die folgende Tabelle zeigt die prozentualen Anteile Indiens am Welthandel:

	1700	1820	1890	1952
CHINA	23,1	32,4	13,2	5,2
INDIEN	22,6	15,7	11,0	3,8
JAPAN	4,5	3,0	2,5	3,4
EUROPA	23,3	26,6	40,3	29,7
USA	0,0	1,8	13,8	28,4
RUSSLAND	3,2	4,8	6,3	8,7

Zwischen 1700 und 1820 verlor das Land ca. 7 %. Bis 1947 stand Indien unter der Krone von Großbritannien und wurde wirtschaftlich zu einem

Entwicklungsland. Der Welthandel Indiens reduzierte sich von 22,6 % im Jahr 1700 auf 3,8 % im Jahre 1952.

China hatte ähnliche Rückschläge im Welthandel wie Indien. Lag es an der Opiumsucht? Wer hatte dort Opium eingeführt? Waren es, wie oben beschrieben, die gleichen interessierten Kräfte aus Großbritannien?

Wurde hier nicht genau das oben unter Punkt 1 beschriebene Postulat von Adam Smith „In einer freien Marktwirtschaft sollen alle Menschen aus eigenem Interesse und eigenem Vorteil handeln" mit Gewalt, Ungerechtigkeit und Ausbeutung ergänzt und in die Tat umgesetzt?

Die heutige Realität zeigt, dass die Entwicklung von heute 2,5 Milliarden Menschen (also ca. 40 % der Menschheit) um Jahrhunderte zurückversetzt wurde.

Wie ging es weiter mit unserem Weltwirtschaftssystem?

Der Zweite Weltkrieg brachte große wirtschaftliche Probleme, weil er viel Geld kostete. Die für die Welt relevanten Entscheidungen wurden in Bretton Woods von den „Westallianzsiegern" getroffen. Neue Institutionen wie der Internationale Währungsfonds, die Weltbank und das GATT (General Agreement on Tarifs und Trade – Allgemeines Zoll- und Handelsabkommen) wurden gegründet und die Anwendung einer freien Marktwirtschaft wurde beschlossen.

Nach dem Ende der Sowjetunion wurde 1995 die WTO – World Trade Organization – bestehend aus GATT, GATS (das General Agreement on Trade in Services – Handel mit Dienstleistungen) und TRIPS (Agreement on Trade-Related Aspects of Intellectual Property Rights – Rechte des geistigen Eigentums) ins Leben gerufen. Unabhängig vom Entwicklungsstand der Entwicklungsländer wurde mit entsprechenden Verträgen die Liberalisierung (Deregulierung) der Märkte für die Bewegung der Güter,

Dienstleistungen und grenzüberschreitenden Kapitalströme sichergestellt.

Die Hauptspieler in der derzeitigen Globalisierung und Weltwirtschaft waren die oben erwähnten internationalen Institutionen, Staaten (oder Gruppen von Staaten) und die multinationalen Unternehmen (MNCs).

1. Internationale Institutionen

Nachdem die Aufgabe, Europa wirtschaftlich weiterzuentwickeln, erledigt war, wurde von den Industrienationen die gleiche Aufgabe der wirtschaftlichen Weiterentwicklung von Entwicklungsländern an den IWF, die Weltbank und das GATT, später an die WTO übertragen.

Wie die Entwicklung zeigt, wurde bisher wenig erreicht. Die Ergebnisse zeigen vielmehr, dass durch die weltweite Liberalisierung der Märkte die erzielten Ergebnisse in Wirklichkeit nicht viel zur wirtschaftlichen Entwicklung der Entwicklungsländer, sondern größtenteils zu der der entwickelten Länder beigetragen haben. Die Liberalisierung hat zum Nachteil der Entwicklungsländer gewirkt.

2. Regierungen/Mittelstandsunternehmen/Multinationale Unternehmen (MNCs)

Im Gespann mit eigenen Mittelstandsunternehmen und weltweit operierenden MNCs ist jeder Staat heute bemüht, Rahmenbedingungen für die Beschaffung von Arbeitsplätzen festzulegen. Aufgrund der weltweiten Konkurrenz besteht das hauptsächliche Interesse der Wirtschaft jedoch darin, dass möglichst viel Gewinn und hohe Rendite erzielt werden.

Heute ergeben das Bruttoinlandsprodukt (BIP), die Innovationskraft, neue technologische Entwicklungen und die Waffenmacht die Machtgröße eines Landes oder einer Gruppe von Ländern. Diese Macht wird für die Durchsetzung der eigenen wirtschaftlichen Interessen in der Welt benutzt.

Die ersten 500 MNCs kontrollieren heute ca. 50 % des weltweiten BIPs.

Die Mittelstandsunternehmen und MNCs produzieren heute nicht nur dort, wo die Konsumenten leben, sondern suchen sich Länder mit billigen Löhnen, Kapitalsicherheit und anderen Faktoren, die eine Gewinnmaximierung sicherstellen.

Einfache Produkte, wie z.b. Kleidung oder Schuhe und Industrieprodukte mit arbeitsintensiven Fertigungsvorgängen, so weit wie möglich keine hochtechnologischen Produkte, werden hauptsächlich in den Schwellenländern produziert. Dies kann jedoch nur für eine gewisse Zeit funktionieren. Die Konkurrenz sowie die Höhe des erwirtschafteten Gewinns sind maßgebend für die Verlagerung der Aktivitäten in ein anderes Land mit inzwischen noch besseren Rahmenbedingungen. Die Forschung und Entwicklung bleiben jedoch in den hoch entwickelten Ländern.

Was passiert mit den arbeitenden Menschen weltweit unter diesen Rahmenbedingungen der Weltwirtschaft? Abhängig von dem Betätigungsfeld und der Branche wächst die Anzahl der wirtschaftlich hart betroffenen Menschen in der Welt – nicht nur in den Entwicklungsländern, wo Menschen unwürdigen Arbeitsbedingungen und Armutslöhnen ausgesetzt sind, sondern auch zunehmend in Industrieländern wegen der ansteigenden Arbeitslosigkeit.

Schauen Sie sich bitte einige weitere Beispiele an, wie unser Weltwirtschaftssystem heute funktioniert!

1. Fischereiabkommen zwischen der EU und den westafrikanischen Ländern

Jahr für Jahr versuchen immer mehr junge Menschen, in meist untauglichen Booten von der Westküste Afrikas über einen Seeweg die europäischen Küsten zu erreichen. Schätzungsweise versuchten dieses Abenteuer im Jahr 2000 ca. 2.000 Menschen, 2005 waren es schon 5.000, 2007 wuchs die Zahl auf über 30.000 und im Jahr 2008 waren es allein in Italien ca. 30.000 Menschen, die die Küsten lebend erreicht haben. Aufgrund des schlechten Zustands der Boote weiß niemand genau, wie viele Menschen bis heute, 2020, gestorben sind. Die Zahl geht in die Tausende. Warum machen diese Menschen so etwas?

Seit Jahrzehnten schließt die EU mit den Staaten der Westküste Afrikas wie Senegal, Mauretanien, Guinea-Bissau usw. Fischereiabkommen, die den Europäern erlauben, vor der Westküste Afrikas zu fischen. Dafür bezahlt die EU, z.B. an Mauretanien, entsprechend diesem Abkommen (abgeschlossen am 1. August 2006, auslaufend am 31. Juli 2012) 86 Millionen Euro im Jahr.

Und was sagen Sie dazu: Aufgrund des seit dem 1. August 2012 gültigen neuen Vertrages bezahlt die EU 70 Millionen Euro an Mauretanien anstatt bisher 86 Millionen Euro.

Die EU gibt diese Rechte weiter an große europäische Reedereien in Spanien, Portugal, Frankreich, Großbritannien, Deutschland usw., um Delikatessen wie Tintenfische, Krustentiere, Seebarsch etc. zu fischen und an den europäischen Küsten zum weiteren Verkauf zu bringen. Diese Reedereien bezahlen kleine Lizenzgebühren an Mauretanien. Brüssel unterstützt die Reedereien mit Subventionen für die Ausrüstung der großen Trawler.

Vor einigen Jahren verdienten die Bewohner der Westküste Afrikas ihren Lebensunterhalt mit Fischfang, welchen sie mit ihren eigenen Booten machten. Seit die großen EU-Trawler dort fischen, sind die afrikanischen Fischer im Laufe der Zeit arbeitslos geworden. Gründe:

Zum einen haben sie mit ihren kleinen Booten gegen die großen EU-Schiffe (ausgerüstet mit neuen modernen technischen Möglichkeiten) keine Chance. Zum anderen sind die Küsten leergefischt, weil die Trawler mit kleinmaschigen Fischernetzen arbeiten, wodurch die kleinen, jungen, unbrauchbaren Fische mit aus dem Meer gefischt und anschließend tot ins Meer zurückgeworfen werden.

Nun stellen Sie sich bitte eine Fischerfamilie mit Problemen wie Nahrungsknappheit, Krankheiten und weiterem Elend vor. Was werden die jungen Mitglieder dieser Familie machen? Sie versuchen, Gleichgesinnte zu finden und irgendwie unter großer Lebensgefahr in Europa ihr Glück zu finden, oder sie sterben auf See.

Es liegen in Europa Berechnungen vor, welche besagen, dass der Verkaufswert dieser Fische in Europa 1,75 Milliarden Euro pro Jahr beträgt, also ca. das 20fache von dem an Mauretanien bezahlten Betrag von 86 Millionen Euro.

Mit anderen Worten: Von der gesamten Wertschöpfung dieses „Deals" bleiben heute 95 % im Wirtschaftsraum der EU und 5 % im mauretanischen Wirtschaftsraum.

2. Handbesticktes Seidenkleid aus Indien

Ein in Indien mit Perlen und Pailletten besticktes Seidendamenkleid hat in Europa einen Importwert von ca. 35 Euro. Der Großhandel verkauft es an den Einzelhandel für ca. 70 Euro und der Einzelhandel verkauft es an den Endverbraucher für ca. 175 Euro. Die Wirtschaftskette Indiens erhält also für die Herstellung der Seide, für die Fertigstellung des Kleides und die Flugfracht ca. 35 Euro und an die europäische Wirtschaft gehen für den Verkauf des Kleides ca. 140 Euro.

Mit anderen Worten: Von der gesamten Wertschöpfung bleiben ca. 80 % im Wirtschaftsraum Europa und ca. 20 % im indischen Wirtschaftsraum. Von diesen ca. 35 Euro bekommen die Arbeiter in Indien, die diese Stoffe und Kleider herstellen, nur einen Bruchteil und können mit den bezahlten Löhnen weder satt werden noch ihre Kinder richtig ausbilden lassen, da dafür einfach das Geld fehlt.

3. Produktionsverlagerung von Sportschuhen in Schwellenländer

Unternehmen in den USA und in den europäischen Ländern stehen in harter Konkurrenz. Meist haben solche Unternehmen den überwiegenden Teil der Bereiche Entwicklung, Vertrieb und Verwaltung im Inland belassen und die Fertigung in „Billiglohnländer" verlagert. Die Details dazu:

Für ein Paar Sportschuhe, die z.B. in China, Indien oder Brasilien produziert werden, zahlen Sie im Laden 100 Euro. Das hat im Allgemeinen folgende Kostenstruktur:

Material	8,00 Euro
Löhne	0,40 Euro
Gemeinkosten Produktion	1,60 Euro
Hersteller-Marge	2,00 Euro
Logistikkosten	5,00 Euro
Summe Wirtschaftskette Herstellungsland	17,00 Euro
Werbung	9,00 Euro
Forschung	10,00 Euro
Importeur-Marge	14,00 Euro
Einzelhandel-Marge	50,00 Euro
Summe Wirtschaftskette Industrieland	83,00 Euro

Von der gesamten Wertschöpfung bleiben also höchstens 17 % in den Schwellenländern und 83 % in der Wirtschaftskette der entwickelten Länder.

Meinen Sie, dass es möglich ist, mit diesen Löhnen (0,40 Euro aus dem Verkaufswert von 100 Euro) satt zu werden und die Kinder zur Schule und Universität zu schicken?

Und was geschah mit den meisten Menschen, die früher diese Sportschuhe in den USA oder in Deutschland oder in einem anderen entwickelten Land produziert haben? Die überflüssigen Mitarbeiter wurden entlassen. Welchen harten Weg müssen die betroffenen Menschen und deren Familien während der Arbeitslosigkeit gegangen sein?!

4. Produktions- und Exportsubventionen für die Agrarwirtschaft in den USA/Europa

Die Regierungen der Industrienationen (USA, Europa usw.) haben für ihre Agrarwirtschaft in den letzten Jahren jährlich ca. 345 Milliarden Euro als Produktions- und Exportsubventionen gezahlt. Die Agrarwirtschaft der USA, Frankreichs, Großbritanniens, Deutschlands, Italiens, der Niederlande usw. konnten dadurch ihre subventionierten Agrarprodukte in die gesamte Welt, unter anderem auch nach Afrika, exportieren. Die Ergebnisse:

Die Preise der exportierten Agrarprodukte in afrikanischen Ländern sind so günstig, dass die Bauern dort mit ihren mit Hacken und Pflügen produzierten Waren mit diesen Preisen nicht konkurrieren können und damit in Arbeitslosigkeit und Existenznot geraten.

Vor einigen Jahren war z.B. Ägypten mit der Herstellung von Getreide und anderen Agrarprodukten völlig eigenständig. Dann wurde das Land mit subventionierten und zu Dumpingpreisen exportierten Agrarprodukten aus den USA überflutet. Für die dortige Landwirtschaft war es nicht mehr rentabel, die Getreideprodukte selbst herzustellen. Die Agrarflächen wurden nach und nach auf den Anbau von Viehfutter umgestellt, da die Herstellung von Viehfutter und Fleischprodukten rentabel war. Lebensmittel wurden importiert. Wir wissen, dass für die Herstellung von 1 kg Fleisch ca. 10 kg Viehfutter erforderlich sind. Durch die weltweite Verknappung der Lebensmittel ist Ägypten in große Schwierigkeiten geraten. Aus Fernsehen und Presse nahmen die Menschen mit Erstaunen zur Kenntnis, wie in Ägypten die Menschen in Schlangen anstanden und gewalttätig wurden, um ein paar Fladenbrote zu ergattern.

Seit einigen Jahren finden unter der Schirmherrschaft der World Trade Organization (WTO) Verhandlungen zwischen den Verantwortlichen der Entwicklungs- und der Industrieländer wie USA, EU usw. über die Abschaffung von Agrarexportsubventionen statt. Diese sind bis heute ohne Erfolg geblieben, weil die Industrienationen sich weigern, die Exportsubventionen abzubauen.

Auch die Zusammenkünfte der G8-Staaten, die versuchten, eine Lösung für die oben geschilderte Knappheit der Agrarprodukte zu finden, kamen bisher nicht zu handfesten Ergebnissen.

Hier ist klar zu erkennen, dass die oben beschriebenen Postulate von Adam Smith voll umgesetzt wurden.

Welchen Schluss ziehen wir daraus?

Ich meine, die Zeit ist reif (gemessen an den für uns in Europa geltenden Gesetzen, unseren Prinzipien sowie unseren ethischen und moralischen Werten), ernsthafte Maßnahmen zur Beseitigung des Elends von Hunger in der Welt zu ergreifen. Bitte lesen Sie „Meine Lösungsansätze – wie ist Ihr Weg?".

Folgende Tabelle zeigt die derzeitige wirtschaftliche Produktivität und die Analphabetenquote in den USA, Kanada, Australien, einigen Ländern Europas, in Mittel- und Südamerika, Asien und Afrika.

Nr.	Land (Kontinent)	ca. Bevölkerung	ca. BIP ($) je Einwohner Kaufkraftparität	ca. Analphabeten (%) (Bevölkerung über 14 Jahre)
	USA	298.500.000	45.000	1
	KANADA	33.000.000	36.000	1
	AUSTRALIAN	20.000.000	34.000	1
	EUROPA	680.000.000		
1.	Norwegen	4.611.000	45.000	0,1
2.	Österreich	8.193.000	34.000	1
3.	Schweiz	7.524.000	33.000	0,5
4.	Deutschland	82.422.000	32.000	0,7
5.	Schweden	9.917.000	31.000	0,1
6.	Großbritannien	60.609.000	31.000	1
7.	Frankreich	60.876.000	31.000	1
8.	Italien	58.134.000	30.000	1
9.	Spanien	40.398.000	27.000	2
10.	Portugal	10.606.000	20.000	6
11.	Estland	1.324.000	20.000	0
12.	Russland	142.894.000	12.000	0,5
13.	Ukraine	46.711.000	8.000	0,4
14.	Serbien	10.868.000	4.500	0
15.	Georgien	4.662.000	3.700	4
	MITTEL/SÜD AMERIKA	493.000.000		
1.	Argentinien	39.922.000	14.000	3
2.	Chile	16.134.000	13.000	3
3.	Mexico	107.450.000	10.000	7
4.	Brasilien	188.078.000	9.000	12
5.	Kolumbien	43.593.000	8.300	6
6.	Dominikanische Republik	9.184.000	7.400	14
7.	Venezuela	25.731.000	6.300	6
8.	Peru	28.303.000	6.100	12
9.	Guatemala	12.294.000	5.000	25
10.	Ecuador	13.548.000	4.500	7
11.	Cuba	11.383.000	4.000	3
12.	Bolivien	8.989.000	3.000	11
13.	Nicaragua	5.570.000	3.000	30
14.	Honduras	7.327.000	3.000	22
15.	Haiti	8.309.000	2.000	45
	ASIEN	3.800.000.000		
1.	Vereinigte Arabische Emirate	2.603.000	51.000	22
2.	Japan	127.000.000	35.000	0,3
3.	Republik Korea	48.847.000	21.000	2
4.	Malaysia	24.386.000	13.000	11
5.	Thailand	64.632.000	9.000	7
6.	China	1.314.000.000	7.000	9
7.	Philippinen	89.469.000	5.200	7

Einige weitere Details:

1. Ein Handbuch mit Statistiken des UNCTAD (United Nations Conference on Trade and Development) zeigt, dass 2005 das Weltbruttoinlandsprodukt (BIP) 70 Billionen US-Dollar betrug.
   Andererseits ist auch bekannt, dass weltweit etwa 50 % dieses Betrags für Militär, Rüstung, Sicherheit, Drogen, Gewalt und Kriminalität, Arbeitslosigkeit, Korruption, Gesundheitsschäden, Umweltzerstörung etc. verwendet wurden.

2. Die derzeitige Finanzkrise zeigt, dass das gesamte Kreditrisiko in der Welt ca. 65 Billionen US-Dollar beträgt. Wo dies die Menschheit hinführen wird, weiß keiner.

3. Heute bezwecken 94 % der Gelder, die täglich in der Welt zirkulieren, nicht den Austausch von Gütern und Dienstleistungen. Über 2 Billionen Euro, also über 2.000 Milliarden, wechseln aus spekulativen Gründen für höhere Renditen immer wieder den Ort.

4. Über 75 % des Welthandels entfallen auf rund 15 % der Weltbevölkerung in den Industrienationen. Dagegen leben in den ärmsten Staaten der Welt heute 40 % aller Menschen. Ihr Anteil am Welthandel liegt bei unter 3 %.

5. Sinn der Wirtschaft ist es, für den Menschen nützliche Produkte zu entwickeln und neue Arbeitsplätze zu schaffen. Für die Durchführung dieser Ziele benötigen die Unternehmen Geld. Dafür wurde ursprünglich die Börse geschaffen. Heute sind 96 % des Umsatzes auf den Weltbörsen Spekulation. Nur 4 % tragen zu neuer Arbeitsplatzbeschaffung bei.

5. Gefahren dieser Entwicklung

Wie wir sehen, gibt es weltweit eine kleine Gruppe von wirtschaftlichen Gewinnern mit nie gekannten Einkommenshöhen und Vermögen. Die Schere zwischen Arm und Reich wächst mit all den Gefahren, die sie mit sich bringt und die wir aus der Weltgeschichte kennen. Einige Besonderheiten:

Sicherlich geht es heute den meisten Menschen in den Industriestaaten und einem kleinen Prozentsatz der Schwellenländer wirtschaftlich sowie in Bezug auf Bildung und Gesundheit besser.

Es geschehen Arbeitsverlagerungen aus den USA und Westeuropa in die Billiglohnländer nach Osteuropa, China, Indien etc. Dadurch entstehen in den Industriestaaten eine höhere Arbeitslosigkeit, Existenzangst sowie eine Steigerung des Sozialgefälles. In den Billiglohnländern herrscht eine ungerechte Bezahlung mit Hungerlöhnen. Ergebnis: soziale Unruhe und ein großer Ruck in Richtung politisch extreme rechte bzw. linke Parteien.

1970 verdiente ein Manager in den USA im Durchschnitt 26-mal so viel wie ein Industriearbeiter. 1999 war es ca. 475-mal so viel.

In Deutschland ist es heute so: Eine Vollzeitverkäuferin in einer Bäckerei verdient 18.000 Euro im Jahr, ein Bankvorstandsvorsitzender 13.000.000 Euro im Jahr, also ca. 720-mal so viel.

In Indien verdient eine Frau, die an einer Baustelle 12 Stunden am Tag arbeitet, ein Kind unter dem Arm hat und auf dem Kopf einen Behälter voll mit Steinen trägt, 24.000 indische Rupien oder 1.200 Euro pro Jahr (Basis: Kaufkraftparität, d.h., wenn identische Warenkörbe in verschiedenen Ländern gleich viel kosten).

Ca. 10 Millionen Kinder sterben pro Jahr in der Welt, bevor sie 5 Jahre alt sind.

Hauptsächlich aus Wirtschaftsinteressen werden Kriege geführt, in denen Tausende von Menschen zu Schaden kommen. Die Gewalt hat andere Dimensionen angenommen – Selbstzerstörung, um andere zu verletzen oder zu töten.

Ich bitte Sie, die von Adam Smith beschriebenen drei Postulate nochmals zu lesen. Die Machthaber haben buchstäblich diese Postulate praktiziert, die Adam Smith als Regeln aufgestellt hat und die bis heute in unserem Weltwirtschaftssystem voll legalisiert sind.

Wie oben im Beispiel Großbritanniens und Indiens beschrieben, haben im 19. Jh. die Machthaber nach der ersten Regel von Adam Smith im eigenen Interesse und zum eigenen Vorteil gehandelt. Mit welchem Ergebnis? Erinnern Sie sich, was Sie oben gelesen haben?

Heute erleben wir, wie durch die Anwendung der ersten Regel von Adam Smith die weltweite Finanz- und Wirtschaftskrise entstanden ist.

Haben Sie irgendwo die unsichtbare Hand gesehen? Wo bleibt die allgemein empfundene Sympathie von Mensch zu Mensch, die diese „unsichtbare Hand zur Funktion bringen" soll?

Die zweite Regel hat in der Welt komplett funktioniert. Wissen wird hauptsächlich in entwickelten Ländern produziert, bewahrt und zunächst so weit wie möglich für den eigenen Vorteil verwendet. Später entwickeln sich auch die noch unterentwickelten Länder und können Teile oder einfache Produkte zu günstigen Preisen herstellen. Arbeitsplätze in entwickelten Ländern gehen dann verloren. Das ist das Ergebnis von „miteinander in Konkurrenz treten".

Hat außerdem die „Spezialisierung" funktioniert? Wir wissen, dass die Menschen in Ägypten und in anderen Ländern für ein Brot Gewalt angewendet haben, weil sich Ägypten auf Fleischprodukte bzw. andere Länder auf andere Produkte spezialisiert haben.

Die dritte Regel (nach dem natürlichen Lauf der Dinge wird in jedem sich entwickelnden Land das Kapital in die Landwirtschaft gelenkt) hat in Afrika nicht funktioniert. Die Afrikaner werden mit von den entwickelten Ländern subventionierten Agrarprodukten versorgt, so dass sie gar nicht in die Lage kommen, das Geld in die eigene Agrarwirtschaft zu investieren, weil es sich gar nicht lohnt.

Nun werden verschiedene Menschen sagen, dass es Ausbeutung, Auseinandersetzungen zwischen Menschen sowie Kriege zwischen Ländern schon immer gab. Diese Menschen haben Recht. Andere werden sagen, dass es Reichtum und Armut immer gab – diese Menschen haben auch Recht.

Es gab während der in der gesamten Welt verbreiteten feudalen Herrschaft auf der einen Seite Knechte, Bauern sowie Bürger und auf der anderen Seite Grundherren, Adlige, Fürsten, Könige und Kaiser. Eine Handvoll Grundherren, Adlige usw. waren reich, aber die restliche Menschheit auf der Erde war etwa gleichmäßig arm.

Die Geschichte zeigt auch, dass die Menschen an einem bestimmten Zeitpunkt so etwas nicht mehr akzeptiert haben. Wie wir wissen, gab es Revolutionen und große Auseinandersetzungen auf der Erde. Die einst ganz fest etablierten Dynastien sowie Kaiser- und Königreiche wurden aufgrund dieser Revolutionen irgendwann zerstört.

Überspitzt beschrieben, ist dies die noch heute praktizierte Strategie der Weltkräfte mit negativen Eigenschaften:

- Den Reichtum der eigenen Nation oder der in der Gruppe befindlichen Nationen auf Kosten der anderen Länder steigern.

- Sicherstellen, dass eigene Waffen und das eigene Militär im Vergleich zu anderen Ländern besser sind.

- Falls eigene geopolitische oder wirtschaftliche Interessen tangiert sind und das betroffene Land oder die betroffenen Länder nicht mitziehen, sollten verschiedene Negativmittel verwendet werden, um das betroffene Gebiet zu destabilisieren sowie, falls erforderlich, diese militärisch anzugreifen, zu zerstören oder unterwürfig zu machen.

Technologie und Wissen sowie vorhandene Mittel können für alle Menschen auf der Erde Bekleidung, Behausung und andere notwendige Sachen sicherstellen; der Energiebedarf kann zunehmend mit Wind und Sonnenenergie abgedeckt werden, Technologien für die Entsalzung von Meereswasser könnten so schnell wie möglich vorangetrieben werden, um der zu erwartenden Wasserknappheit entgegenzuwirken usw. Die normalen Bedürfnisse der Menschen können heute gedeckt werden, aber ihre Habgier nicht.

Heute wird der Erfolg eines Menschen meistens daran gemessen, wie viel Geld und Macht derjenige während seines Lebens angesammelt hat. Eckpfeiler unserer Entscheidungen ist überwiegend das Geld. Natürlich hat ein kleiner Anteil der Menschheit viel Geld und gewinnt angeblich seine Lebensfreude durch die Verwendung dieser Mittel.

Wie ist es aber mit der wirklichen Lebensfreude der Menschen? Haben wir probiert, welche Dimension der echten Lebensfreude wir alle gemeinsam durch das Praktizieren der positiven Eigenschaften haben könnten?

Obwohl kein Mensch möchte, dass er Gewalt erfährt, sind Menschen immer wieder gewalttätig.

Möchten wir, da jetzt vorhandene Waffen viel vernichtender sind, dass die Gattung Mensch ausstirbt? Oder möchten wir nicht vielmehr den Weg der Freiheit, der Wahrheit, der Verantwortung, des Verständnisses, der Toleranz, des Respekts, des Mitgefühls, der Liebe und des Einsseins gehen?

Wird die Natur nicht irgendwann massiv reagieren, falls wir Menschen trotz des heute vorhandenen Wissens, der Technologie und der Entwicklungsmöglichkeiten den herkömmlichen Weg der Kriege, Gewalt und Ausbeutung anderer Menschen usw. beibehalten sollten?

Die Gattung Mensch existiert auf der Erde noch nicht lange. Die Wissenschaft kann uns ein Lied singen von all den Lebewesen, die entlang der Zeitachse restlos von der Erde verschwinden mussten, weil sie nicht nach den erforderlichen Regeln der Natur gehandelt haben. In unserer Milchstraße und unserem Universum wird keiner je merken, dass die Gattung Mensch irgendwann auf der Erde existiert hat, sollte es uns nicht mehr geben.

Aus der Tierwelt kennen wir, dass diese im Allgemeinen Angst vor anderen Tieren, Schwierigkeiten beim Auffinden der knappen Ressourcen und Existenzangst haben sowie in der eigenen Gattung und gegenüber anderen Lebewesen Gewalt anwenden.

Hat die Tierwelt vielleicht damals unsere Entstehung toleriert? Sie hatten keine menschlichen geistigen Kräfte, aber vielleicht den Wunsch, aus dieser Situation – einander für das eigene Überleben Schaden zuzufügen – mit unserer Hilfe herauszukommen. Haben sie mithilfe der Natur zu diesem Zweck die Gattung Mensch hervorgebracht? Vielleicht war das Ziel, eine Gattung Mensch zu haben, die später der Tierwelt helfen würde, aus diesem „Muss-Verhalten" herauszukommen. Was denken diese Tiere über die Gattung Mensch heute, wenn sie sehen, dass wir Menschen uns gegenseitig sowie die Tiere töten?

Und die Menschen, die glauben, dass uns ein lieber Gott hervorgebracht hat, wie denkt dieser Gott dann heute an seine Schöpfung „Mensch"?

Unabhängig davon, was eventuell die Tierwelt oder gegebenenfalls der liebe Gott von uns denkt, meine ich, dass es Sinn macht, uns zu bemühen, die Basis für eine Welt im Dialog – ohne Gewalt, Kriege und die Ausbeutung von anderen – zu schaffen.

Wie muss die Globalisierung bzw. das Weltwirtschaftssystem konzipiert sein, um die heutigen Nachteile aufzuheben? Was kann sonst noch getan werden? Gibt es Lösungsansätze?

Bitte lesen Sie für weitere Informationen „Meine Lösungsansätze – wie ist Ihr Weg?".

Bevor Sie das tun, wäre es sinnvoll, wenn Sie Informationen über die Verschiedenheit aller Existenzformen unseres Daseins lesen. Welche Kraft gibt es, die jede einzelne Form dieser Verschiedenheit zum Funktionieren bringt? Wie eignen sich die Menschen Eigenschaften an? Wie erzeugt jeder mit diesen Eigenschaften, mit jeder Handlung materielle (Geld, Immobilien, anderes Eigentum usw.) und immaterielle (Freiheit, Wahrheit, Liebe usw.) Werte für sich selbst und für die anderen? Wie erreicht damit jeder Mensch eine einzigartige Entwicklung in seinem Leben?

Lesen Sie bitte dazu in den Kapiteln „Netzwerk aller Existenzformen", „Funktionskraft", „Eigenschaften – Entstehung von Werten" sowie „Globale menschliche Wertentwicklung".

Netzwerk aller Existenzformen – Entstehung von Menschen

1. Theorie der Naturwissenschaften – die Formen der Verschiedenheit

- Es gibt unser Universum.
- Manche Wissenschaftler meinen, es gäbe viele Universen. Die Universen entstehen und kontrahieren irgendwann. Es gibt noch viel zu entdecken.
- Es gibt Millionen von Galaxien in unserem Universum.
- Es gibt in einer Galaxie Millionen von Sternen wie unsere Sonne.
- Es gibt unsere Erde.
- Es gibt Kontinente.
- Unsere Erde ernährt Lebewesen, bestehend aus Tieren, Pflanzen, Menschen usw.

2. Die Entstehung

- Entstehung unseres Universums vor 13,7 Milliarden Jahren
- Entstehung unseres Sonnensystems vor 4,6 Milliarden Jahren
- Entstehung von Bakterien vor 3,5 Milliarden Jahren
- Entstehung von Kontinenten vor 2,8 Milliarden Jahren
- Entstehung von Sauerstoff vor 2,5 Milliarden Jahren
- Entstehung von Erdoberfläche und Atmosphäre vor 1,5 Milliarden Jahren
- Entstehung der ersten Tiere vor 700 Millionen Jahren
- Entstehung der Pflanzen vor 500 Millionen Jahren
- Entstehung der Säugetiere vor 400 Millionen Jahren
- Entstehung der Affen vor 35 Millionen Jahren
- Entstehung des Homo erectus vor 2 Millionen Jahren
- Entstehung des Menschen vor 300.000 Jahren

3. Begründung der Wissenschaftler für diese Entwicklung und unser Wissen heute

Naturwissenschaftler waren schon immer bestrebt festzustellen, woraus alles besteht. Sie fingen an zu zerteilen. Was war das Ergebnis?

- Sie fanden Zellen, Atome, Protonen, Neutronen, Elektronen, Quarks usw.
- Alle oben genannten Erscheinungsformen der Existenz, Materie, Sterne, Milchstraßen, unser Universum, Tiere, Pflanzen und wir Menschen sind gebaut aus diesen winzigen Quarks bzw. Zellen und Energie.
- Sie fanden heraus, dass alles ein Zusammenspiel zwischen Materie, Energie und Naturgesetzen ist.
- Materie/Masse ist zusammengeballte Energie auf engstem Raum – Materie ist nur freigesetzte Energie.
- Umwandlung von Materie in Energie, $E = mc^2$.
- Materie ist eine Erscheinung der Energie in Form von Körpern, Flüssigkeit, Gas, Strahlung usw.

4. Abhängigkeit sowie Sinn von Verschiedenheit

Können Sie Folgendem zustimmen?
- Gott oder die Natur hat zunächst Raum geschaffen, so dass das Universum, die Galaxien, die Sterne und die Planeten sich dort etablieren konnten.
- Jede Existenzform erfüllt einen Sinn für die eigene Existenz sowie für den Erhalt von anderen Existenzformen.
- Jede Existenzform kooperiert mit anderen Existenzformen und ergänzt sie, um etwas Neues und anderes für einen höheren Grad der Funktionsfähigkeit entstehen zu lassen.
- Alle Existenzformen sind in einem komplexen Netzwerk miteinander verbunden.

- Haben aber die Menschen, die, auf eigenen Vorteil bedacht, mit Macht, Gewalt, Kriegen, unfairen Handlungsweisen, Ausbeutung von anderen etc. agieren, den Sinn ihres Lebens verstanden?
- Die Totalität ist die Summe aller Existenzformen = Sie + Rest, also die Summe aller Existenzformen, die Sie wahrnehmen oder nicht wahrnehmen oder nicht wahrnehmen können.

Vereint etwas aber diese Totalität?

Dafür lesen Sie bitte unter dem Link „Einheit in Verschiedenheit – eine unsichtbare Kraft".

Einheit in Verschiedenheit – eine unsichtbare Kraft

Zunächst etwas Grundsätzliches: Ich bin ein Mensch und bin auf der Erde geboren. Wie aber? Und wie werde ich sterben?

Durch Verschmelzung von einer Eizelle von meiner Mutter und einem Spermium von meinem Vater ist eine neue Zelle, eine Zygote, entstanden. Diese Zygote vermehrte sich und dann entstanden mein Embryo und mein Fötus. Später hat mein Fötus angefangen sich zu bewegen. Meine Mutter hat meine Bewegungen in ihrer Gebärmutter gemerkt. Es wird gesagt, ich wurde „lebendig", „ein Lebewesen". Mein Fötus bestand aber von Anfang an aus Materie und Energie. Was hat meinen Fötus in Bewegung gesetzt?

Was passiert, wenn ich sterbe? Wenn ich lebendig war, habe ich immer gesprochen: Ich, mein Körper, meine Persönlichkeit, meine Individualität, meine Psyche, mein Ego, „Ich habe dies", „Ich habe das" usw. Stellen wir uns nun eine fiktive Situation vor: Ich rede nicht mehr. Holen Sie bitte einen Arzt. Lassen Sie ihn mich untersuchen. Der Arzt sagt, mein Gehirn funktioniere nicht mehr. Ich sei tot.

Mein Körper hat aber nach meinem Tod auch die während meines Lebens vorhandene Materie und Energie. Wenn „ich" nur die Materie und Energie war, warum kann ich jetzt auch nicht „ich" sagen? Das deutet darauf hin, dass neben Materie und Energie etwas anderes in meinem Körper vorhanden ist, das mich in Kombination mit Materie und Energie befähigt, „ich" zu sagen.

Was ist die Ursache, was uns befähigt, während unserer Lebenszeit „lebendig" zu sein und zu bleiben? Was befähigt uns zu reden, zu hören, zu riechen etc.? Wer steuert oder befähigt unser Gehirn in den Bereichen

Gedanken, Verstand, Verhalten, Bewusstsein, Intelligenz, Ego, Vernunft etc., um diese zu koordinieren und zu einer Entscheidung zu gelangen?

Die Gehirnforschung sagt, dafür hat unser Gehirn ein kognitives System und das kognitive System besitzt eine Selbstreferentialität.

Die Frage bleibt offen: Wer steuert oder befähigt unser Gehirn zu dieser Selbstreferentialität?

Theorie der Religionen

- Die meisten Religionen glauben an einen in Ewigkeit existierenden Gott, der alles geschaffen hat.
- Einige glauben, dass die Menschen ein Teil von Gott sind und ER Stammvater ist.
- Eine andere Religion meint, es gibt keinen Gott. Alles ist das Ergebnis von Ursache und Wirkung im Zusammenspiel zwischen Materie, Energie und Naturgesetzen.
- Wieder eine andere glaubt an eine ewig existierende unsichtbar befähigende Gotteskraft als Verursacher dieses Zusammenspiels zwischen Materie, Energie und Naturgesetzen. Glaube ist, dass in jeder Form von Existenz, in jedem Quark, in jeder Zelle der Materie sowie der Energie eine unsichtbare Kraft von Gott existiert.

Mit Sicherheit wissen wir Folgendes:

- Der Körper eines Menschen wird nach dem Tod begraben oder verbrannt usw. Auf der Zeitachse wird er unter anderem, wenn er auch begraben ist, wieder in verwertbare Elemente umgewandelt.
- Eine von Menschen geschaffene Maschine tut ihre Dienste, bis sie kaputt ist. Danach befinden sich die Reste in einem Recyclingsystem der

Natur. Sie werden auf der Raum- und Zeitachse irgendwann zerfallen und verwandeln sich wieder zu Verwertbarem.

- Die Ameisen sind während ihrer Lebenszeit ganz beschäftigt und erfüllen ihren von der Natur aus übertragenen Sinn; der Baum wächst, seine Blätter liefern Sauerstoff, der Baum gibt Früchte; der Mensch lebt und erfüllt den spezifischen Sinn; unsere Sonne gibt das Licht und die Wärme; das Universum entsteht und gibt Räumlichkeit für die Entstehung der Galaxien und Sterne usw.

Einstein hat uns gelehrt, dass Materie nichts anderes ist als Energie. Was ist aber Energie? Als Beispiel nehmen wir die Energie, die uns die Sonne liefert. Die Sonnenenergie kann in der Form von elektrischem Strom, Wärme usw. genutzt werden.

Wie wir wissen, ist die Wärmeenergie für unsere Existenz sehr wichtig. Sie wärmt unseren Planeten. Durch Kernfusionsprozesse entsteht die Wärmeenergie im Inneren der Sonne.

Die Forschung sagt, dass es diese Wärmeenergie in ein paar Milliarden Jahren nicht mehr geben wird, weil die restliche Lebenszeit unserer Sonne nur ein paar Milliarden Jahre beträgt.

Wie ist es mit unserem Universum? Einige Forscher meinen, dass unser Universum irgendwann auf der Zeitachse auch nicht mehr existieren wird.

Genauso wie ein Mensch, der nach seinem Tod nicht mehr funktioniert, werden die Sonne und unser Universum nach deren Zerfall nicht mehr funktionieren und zurück in das Recyclingsystem der Natur gehen.

Wir wissen nun, dass während der jeweiligen Lebenszeit alle verschiedenen Formen der Existenz – Quarks, Elektronen, Protonen, Atome, Zellen, Pflanzen, Tiere, Menschen, Planeten, Galaxien, Universum, Energie – funktionieren. Alle verschiedenen Formen der Existenz fangen bei ihrer

Entstehung an zu funktionieren, nach dem Fehlen dieser unsichtbaren befähigenden Kraft zerfallen diese, funktionieren nicht mehr und gehen zurück in das Recyclingsystem der Natur.

Eine Frage bleibt offen: Was ist die Ursache von diesen Wirkungen?

Zunächst gibt es aber noch eine Frage zu klären: Ich weiß, dass die Stammzellen von der Eizelle meiner Mutter und das Spermium von meinem Vater aus Molekülen, Atomen, Protonen, Elektronen und Quarks bestanden. Wenn diese unsichtbare befähigende Kraft in jedem Quark existiert, warum habe ich bei der Entstehung der ersten Zygote im Bauch meiner Mutter nicht angefangen mich zu bewegen? Meine Antwort: Die Kraft war schon in jedem Quark der Zygote vorhanden, aber diese Funktionskraft in den Quarks der Zygote war nicht stark genug, um die Zygote in Bewegung zu bringen. Diese Kraft von mehreren Zygoten muss zusammenkommen, um den Fötus zur Bewegung zu bringen.

Jetzt die Antwort auf die Frage: Was ist die Ursache von diesen Wirkungen? Bis beweiskräftige Ergebnisse vorliegen, habe ich einen Vorschlag: Da es in allen Formen der Verschiedenheit vorhanden ist, kann man diese „Einheit in Verschiedenheit" nennen.

Welche Vorteile bringt es für uns als Individuum, eine Einheit in dieser Verschiedenheit zu erkennen und zu verstehen, dass Gott (oder wie wir das auch benennen möchten) nichts anderes ist als die Summe aller Kräfte, verteilt in allen Formen der Existenz, in allen Menschen – Juden, Christen, Islamgläubigen, Hindus usw.; in Tieren; Pflanzen; Materie; Energie; Sonne; Galaxien; Universen.

Nach meiner Meinung wird sich unser Verhalten uns selbst gegenüber, in der Familie, unseren Nachbarn gegenüber, in unserem Land, in unserer Welt, unser Verhalten gegenüber Menschen anderer Religionen und gegenüber jeglichen Formen der Existenz zum Positiven ändern, wenn wir diese „Einheit in jeglichen Formen der Verschiedenheit" auf der Raum- und Zeitachse sehen könnten.

Welche Eigenschaften und Entwicklungswege braucht unser individuelles Bewusstsein, um diese „Einheit" in jeglichen Formen der „Verschiedenheit" zu sehen und dementsprechend zu handeln?

Eigenschaften – Entstehung von Werten

1. Eigenschaften

Wir können nun sagen, dass jede einzelne Existenzform unseres Universums aus Zellen bzw. Quarks, Energie und einer unsichtbaren Kraft besteht.

Was vollbringt jede einzelne Existenzform? Wir sehen ja, dass die Sonne einen anderen Sinn erfüllt als ein Baum oder ein Mensch. Dies macht deutlich, dass jede einzelne Existenzform dafür ausgerüstet ist, sich mit bestimmten physischen Formen ein Spektrum von Eigenschaften im Laufe des Lebens anzueignen, um den jeweiligen Sinn in unserem existenziellen Netzwerk zu erfüllen.

Wir wissen, dass die Menschen viele Gemeinsamkeiten haben. Ebenso offensichtlich gibt es aber auch große Unterschiede zwischen den einzelnen Menschen, was deren Eigenschaften, Handlungsweisen und Entwicklungen betrifft.

Welche unterschiedlichen Ziele erreichen die Menschen mit diesen Eigenschaften?

Mit welchen Eigenschaften erlangen einige Menschen große Kräfte, die sie dann, unter gewissen Umständen, für die eigene negative Entwicklung und die der anderen einsetzen?

Warum bleiben Menschen einer ganzen Generation oder innerhalb ganzer Länder in ihrer Entwicklung zurück?

Mit welchen Eigenschaften sind viele Forscher in der Lage, bedeutende Ergebnisse für die Entwicklung der gesamten Menschheit zu erzielen?

Oder wodurch unterscheidet sich der große Forscher Albert Einstein von anderen Forschern, wenn er sagte: „Keine Erfindung und Forschung hat einen Wert, solange es noch ein unglückliches Kind auf Erden gibt"?

Mit welchen Eigenschaften war Mutter Teresa in der Lage, in einem fremden Land so viel Nächstenliebe in die Tat umzusetzen?

Welche Eigenschaften Mahatma Gandhis führten dazu, einem Volk von damals 500 Millionen Menschen zu helfen, ihre Freiheit wiederzuerlangen?

Haben diese Menschen ganz verschiedene Kräfte und Gaben gehabt? Welche Kräfte und Gaben sind das?

2. Entstehung von Eigenschaften

Die Entwicklung eines Menschen ist abhängig von seinen Genen, kulturellen Gegebenheiten, von seiner Erziehung und Umwelt sowie von seinen eigenen Lebenserfahrungen.

Über die Entwicklung eines Menschen im Säuglingsalter, in der Kindheit, in der Jugend, Pubertät und als Erwachsener gibt es viel Literatur. Das Aneignen von Eigenschaften ist ein lebenslanger Prozess. Dadurch entwickeln sich die Persönlichkeit eines Individuums sowie die jeweiligen sozialen Beziehungen zu den einzelnen Existenzformen der Verschiedenheit – Menschen, Tiere, Pflanzen, Umwelt, Land, Welt usw. Dies geschieht je nach Lebensalter in der Familie, mit Freunden, in der Ausbildung, im Kontakt mit anderen Kulturen, im beruflichen Leben, im Alter usw.

Die Erkenntnisse in der Forschung der vorgeburtlichen Psychologie belegen, dass die Beeinflussung der Persönlichkeitsentwicklung eines werdenden Kindes bereits im Mutterleib durch die Geschehnisse inner- sowie außerhalb des Mutterleibs stattfindet. Es kann schon hören, schmecken, hat Emotionen usw. Es ist abhängig vom familiären Umfeld. Haben die Eltern eine harmonische Beziehung? Ist die Mutter gestresst oder nicht überlastet? Ist das Kind erwünscht? Alles dies wird positive oder negative Effekte auf das Kind haben und die Eigenschaften, das Bewusstsein, die Psyche und die Entwicklung des Kindes beeinflussen.

Nach der Geburt und während der Kindheit besitzt der Mensch Grundbedürfnisse wie Hunger, Sicherheit, Neugier, die Umwelt kennenzulernen und zu verstehen, Liebe, Aggression.

Durch den positiven Einfluss aus der Umwelt (Zuneigung, Verständnis, Toleranz, Freude, Liebe) entwickelt sich das Kind in eine positive Richtung: Es wird willens- und charakterstark, selbstständig, leistungsfähig, ideenreich, aufgeschlossen, fröhlich, hilfsbereit, aufgeweckt, phantasievoll, empfindsam, interessiert.

Das bisherige Verhalten von Menschen zeigt aber, dass meistens eine negative Entwicklung vorprogrammiert ist, wenn das Kind unter schwierigen Umständen wie Hunger, Armut, negativen Einflüssen wie Rückweisung, Unterdrückung, Aberkennung, Ignoranz, Straffung und mit der Vermittlung des Gefühls, es sei schwach und hilflos, aufwächst.

Besonderes während der Pubertät und in den ersten drei Dekaden formen sich die Eigenschaften, die Handlungsweisen und die Entwicklung eines Menschen. Wir wissen, dass jeder Mensch anders ist. Keiner gleicht dem anderen. Aber alle Handlungsweisen und jede Entwicklung verlaufen – einfach dargestellt – in zwei Richtungen: in eine positive und in eine negative.

Positive Eigenschaften

Menschen können für sich selbst und andere frei, aktiv, wahrhaftig, furchtlos, gewaltlos, aufrichtig, nicht zornig, ausgeglichen, beständig, nicht gierig, innerlich und äußerlich sauber, bescheiden, geduldig, selbstverwirklichend, neidlos, verantwortungsbewusst, freundlich, selbstbeherrschend, aufopfernd, verständnisvoll, tolerant, respektvoll, mitfühlend, liebevoll etc. sein.

Negative Eigenschaften

Auf der anderen Seite können sie aber auch zornig, gierig, lustvoll, stolz, überheblich, egoistisch, machtbesessen, verlogen, ungerecht, unfreundlich, ängstlich, selbstgefällig, süchtig nach Geld und Ruhm, neidisch, boshaft, grausam, passiv, unwissend, schwach im Unterscheidungsvermögen (Tun/Lassen), sorgenvoll etc. sein.

Aber wie viel Prozent von einer bestimmten Eigenschaft verwendet der Mensch unter bestimmten Gegebenheiten? Allgemein reden wir von nur einer Gradierung wie z.B. gut/schlecht, fleißig/faul, aufgeschlossen/verschlossen, zielstrebig/nachlässig, freundlich/unfreundlich etc.

In der Praxis aber eignet sich jeder Mensch graduell und stufenlos positive oder negative Eigenschaften an. Der Grad der Anwendung ist davon abhängig, wie fest eine Eigenschaft in unserem Verstand verankert ist. Jeder von uns kann sich mehr zu freundlichen oder mehr zu unfreundlichen Verhaltensweisen entwickeln. Das Gleiche betrifft jede andere Eigenschaft.

Welche Auswirkungen haben diese Eigenschaften auf unsere Entwicklung?

3. Anwendungen von Eigenschaften – Entstehung von Werten

Als Beispiel betrachten wir zwei Personen: Eine ist überwiegend und in höherem Maße freundlich zu Menschen, die andere überwiegend und in höherem Maße unfreundlich. Als Ergebnis wird die erste Person mit großer Wahrscheinlichkeit mehr gute Kontakte zu Menschen haben als die zweite. Diese Anzahl der guten Kontakte ist ein Ergebnis der Eigenschaft Freundlichkeit. Die zweite Person wird höchstwahrscheinlich wenige gute Kontakte haben wegen ihrer Eigenschaft Unfreundlichkeit. Diese mehr oder weniger positiven Kontakte sind ein Ergebnis unterschiedlicher Eigenschaften. Dieses Ergebnis ist messbar und stellt einen „Wert" dar. Mit anderen Worten: Beide Personen haben mit ihren unterschiedlichen Eigenschaften verschiedene „Werte" erzielt.

Zweites Beispiel: Wenn ein positiver Gedanke in unserem Kopf entsteht, erzeugt dieser ein positives Gefühl – einen „Wert" der Harmonie. Wenn ein negativer Gedanke entsteht, produziert er negative Gefühle – einen „Wert" der Disharmonie.

Positive Eigenschaften wie Ehrgeiz, Fleiß und Mut können auch für die Entstehung von negativen Werten eingesetzt werden, wie z.B. Ausbeutung von Natur/Menschen, Gewaltanwendung gegen Menschen und andere Lebewesen, Kriege usw.

Manchmal kann eine Eigenschaft in normalen Graden zu positiven Werten, aber in höheren Graden zu negativen Werten führen, wie z.B. Eigenschaften wie „Lust", erinnern Sie sich?

Außerdem existiert jede Daseinsform als Einheit unserer Verschiedenheit, ist aber über Netzwerke mit anderen Einheiten der Existenzformen verbunden und wird durch erzeugte Werte von anderen Einheiten beeinflusst. Sehen Sie bitte folgendes Beispiel aus unserer heutigen globalisierten Welt:

Biosprit

Auf der Suche nach alternativen Energiequellen stellten erst vor einigen Jahren Forscher fest, dass aus landwirtschaftlichen Rohmaterialien wie Zucker und Sonnenblumenöl hergestellter Biosprit für unsere Autos verwendet werden kann. Schnell wurden die Ergebnisse in die Tat umgesetzt und in einigen Ländern wurde Biosprit produziert. Dabei wurde außer Acht gelassen, dass für die Armen das bereits teure Lebensmittel auf der Erde zu einer der großen Probleme der Lebensmittelknappheit führen kann. Es war bekannt, dass 50 % der Menschen auf der Erde mit weniger als 2 US-Dollar pro Tag Einkommen (Kaufkraftparität) leben und für ihr Überleben essen müssen. Und wenn schon Gemüse, Milch etc. nicht erschwinglich sind, dann wenigstens Getreide. Kaufkraftparität bedeutet, dass diese Menschen in ihren Ländern so leben wie ein in Berlin, London oder New York lebender Mensch – aber mit einem Einkommen von 60 US-Dollar pro Monat.

Jetzt wissen wir, dass in Asien, Afrika, Südamerika etc. sehr viele arme Menschen durch die erheblich gestiegenen Getreidepreise nicht mehr in der Lage sind, sich zu ernähren. Deshalb gab es an manchen Orten gewaltsame Auseinandersetzungen.

Hier einige Details:

- In den USA werden heute 20 % der Agrarflächen zur Herstellung von Biosprit verwendet.
- In Brasilien wurde weniger Agrarfläche für die Getreideherstellung und mehr für Zuckerrohr zur Biospritumwandlung verwendet. Brasilien braucht Devisen. Es wird das produziert, was Devisen ins Land bringt, und nicht das, was die Menschen dort oder irgendwo anders auf der Welt benötigen.
- Die Spekulanten auf den weltweiten Börsen für Agrar-Rohmaterialien investieren in Futures/Hedge-Fonds/Derivate etc. und sind für ihre

Gewinne sehr daran interessiert, die Preise für diese Produkte so hoch wie möglich zu treiben.

Sie sehen, welche Auswirkungen die Handlungen von nur einigen Menschen auf viele andere in Netzwerken befindliche Menschen in unserer globalisierten Welt heute haben.

Wir können davon ausgehen, dass die dafür verantwortlichen Menschen auf der Erde wissen, dass es auf der Bedürfnisskala zunächst wichtiger ist, Hunger zu stillen, als Auto zu fahren. Es liegt nahe, weltweit die Produktion des Biosprits zunächst zu stoppen, so lange bis andere Lösungen sichtbar sind und die Forschung einen Biosprit entwickelt hat, der wirklich die Umwelt von Kohlendioxiden entlastet. Dadurch könnten die Agrarflächen wieder für die Lebensmittelproduktion verwendet werden. Oder wollen diese Menschen für den eigenen Vorteil in Kauf nehmen, dass sie die hungrigen Menschen in den Tod führen?

Welches Ergebnis/welchen Wert haben nur einige Menschen mit dieser eigennützigen und gierigen Handlung für die anderen bloß erzielt?

„Tod durch Hunger".

Ich hoffe, dass dieses Beispiel klar ausdrückt, wie wir mit jeder unserer Handlungen materielle oder immaterielle „Werte" für uns selbst und für andere erzeugen. Nichts geht verloren.

Damit wissen wir, dass Eigenschaften und die damit jeweiligen Handlungen Ergebnisse produzieren. Die produzierten „Werte" sind damit das Hauptmerkmal für die Entwicklung/Sinnerfüllung der einzelnen verschiedenen Existenzformen. Und das ist es, was den einen von dem anderen unterscheidet.

Wie Sie oben anhand eines einfachen Beispiels gelesen haben, sind die von einem Menschen produzierten immateriellen Werte messbar. Nach meiner Auffassung ist die Zeit reif, für jeden Menschen/jedes Land/jede Gruppe von Ländern/auf den Kontinenten die produzierten positiven sowie negativen immateriellen Werte – genauso wie die materiellen Werte – messbar zu machen. Dafür müssen erst durch Forschungsarbeiten Messsysteme entwickelt werden.

Können Sie Folgendem zustimmen?

- Achte auf deine Eigenschaften, weil diese die Basis für deine Handlungen werden!
- Achte auf deine Handlungen, weil diese materielle und immaterielle Werte produzieren werden!
- Achte auf deine materiellen und immateriellen Werte, weil diese der Maßstab für deine Entwicklung werden!
- Achte auf deine Entwicklung, weil diese die gesamte Ernte deines Lebens wird (Sinnerfüllung)!

In welchem Entwicklungsstand befindet sich ein Mensch, der bestrebt ist, einen eigenen Vorteil – ohne erforderliche Berücksichtigung der Interessen anderer oder der Inkaufnahme großer Nachteile oder sogar Vernichtung anderer Beteiligter – zu erzielen?

In welchem Entwicklungszustand befindet sich ein Mensch, der bei schwierigen Gegebenheiten aufgibt, zu Passivität neigt oder gewalttätig wird?

In welchem Entwicklungszustand befindet sich ein Mensch, der bestrebt ist, anderen Menschen Hilfe zur Selbsthilfe anzubieten?

In welchem Entwicklungszustand befanden sich Mutter Teresa und Mahatma Gandhi?

Welche materiellen und immateriellen Werte, welche Entwicklung, welchen Sinn möchten Sie in Ihrem Leben erreichen?

Menschliche materielle und immaterielle Werteentwicklung

Welche Entwicklung möchten Sie erreichen?

Jeder Mensch produziert mit jedem Gedanken, jedem Wort und jeder Aktivität für sich selbst und für die im weltweiten sozialen Netzwerk beteiligten anderen einen Wert. Die bisherige Entwicklung der Gattung Mensch zeigt, dass die Menschen ihre Aktivitäten durch den Einfluss der einzelnen Zeitepochen, der jeweiligen Wissensstände sowie deren Weltgebiete in Taten umgesetzt und dabei materielle Werte (Geld, Immobilien, anderes Eigentum usw.) und immaterielle Werte (Verletzung von Rechten anderer Menschen oder anderer Existenzformen durch Ausbeutung, Überheblichkeit, Egoismus, Ungerechtigkeit oder eben Hilfe zur Selbsthilfe durch Toleranz, Respekt, Mitgefühl, Liebe usw.) produziert haben. Mit diesen so erzeugten Werten bestimmt jeder Mensch für sich selbst, welches einzigartige Entwicklungsergebnis ein jeder im Leben erzielt.

Wie wir wissen, ist die materielle menschliche Entwicklung in Geld messbar und wird weltweit als BIP (Bruttoinlandsprodukt) eines Landes ermittelt.

Sie haben unter „Eigenschaften – Entstehung von Werten" anhand eines einfachen Beispiels gelesen, wie die durch unterschiedliche Eigenschaften produzierten immateriellen Werte auch messbar sind. Bhutan gilt als eines der ärmsten Länder unserer Welt. Dort wird seit langem ein Index des „Bruttosozialglücks" ermittelt und bekannt gegeben. Die Menschen dort sind sehr zufrieden. Nach meiner Meinung ist es höchste Zeit, so wie die materielle Entwicklung auch die immaterielle menschliche Entwicklung weltweit messbar zu machen.

Um diese einzigartige und stufenlose Entwicklung eines jeden Menschen allgemein greifbar zu machen, soll dies beispielhaft an vier Entwicklungsrichtungen dargestellt werden. Abhängig von seiner eigenen Bewusstseinsentwicklung verwendet jeder Mensch die unten beschriebenen negativen sowie positiven Eigenschaften stufenlos. Das Entwicklungsergebnis ist daher auch stufenlos und in allen Kombinationen der Entwicklungsrichtung eins bis vier möglich.

Wenn die Handlungen eines Menschen auf hohem Niveau und mit hoher Häufigkeit aus den unten in der Entwicklungsrichtung eins und zwei beschriebenen negativen Eigenschaften bestehen und nur wenigen in der Entwicklungsrichtung drei und vier enthaltenen positiven Eigenschaften, dann hat dieser Mensch jeweils die Entwicklungsrichtung eins bzw. gegebenenfalls zwei eingeschlagen. Andererseits befindet sich bei Anwendung von überwiegend positiven Eigenschaften auf hohem Niveau und mit hoher Häufigkeit derjenige in der Entwicklungsrichtung drei bzw. vier.

1. Entwicklungsrichtung eins

Erinnern Sie sich an das Beispiel aus dem Kapitel „Globalisierung und Neokolonialismus", in dem ein Individuum in einer Familie zunächst überhöhte Lust auf Essen hatte und später seine anderen Eigenschaften Gier, ungerechte Handlungen etc. einsetzte?

Lassen Sie uns den Ergebnissen einiger weiterer negativer Eigenschaften bzw. Handlungsweisen der menschlichen Entwicklungsrichtung eins nachgehen.

Ein Mensch kann in die Abhängigkeit von Alkohol, Tabak, Drogen, Glücksspielen usw. geraten. Was wird kurz- oder längerfristig das Ergebnis einer solchen Abhängigkeit sein? Gesundheitliche Probleme? Wirtschaftliche Probleme? Probleme mit anderen Menschen?

Ein Mensch kann genauso abhängig werden von Macht und wird vielleicht mit Gewalt gegen andere Beteiligte vorgehen.

Die Hauptmerkmale der Entwicklungsrichtung eins sind:

- Überheblichkeit/Hochmut/Anmaßung
- Zorn/Rauheit, Heuchelei, Unwahrheit, Verblendung, Aggressivität
- Egoismus, fehlendes Wissen über Verhaltensregeln zwischen Menschen, Nichtbeachtung der Rechte anderer Beteiligter, fehlendes Wissen über die Grenzen der eigenen Freiheit und Verletzung der Freiheit von anderen Menschen/anderen Daseinsformen auf der Erde, nehmende Haltung (nimm so viel wie möglich)
- Angst, abgrenzende Haltung – ich, meine Familie, mein Dorf, meine Stadt, mein Land, meine Gruppe von Ländern, mein Kontinent; Unterteilung anderer Menschen in Feind und Freund; Gewaltanwendung/Kriege, um die Feinde zu töten
- Übermäßige materielle Einstellung – so schnell wie möglich reich zu werden – falls erforderlich auch auf Kosten anderer und/oder mit unfairen Mitteln
- Lebensfreude und Wohlergehen hauptsächlich aus materiellem Besitz erlangen, diesen materiellen Besitz zur Schau stellen und das Festhalten an materiellem Besitz

Die bisherige Entwicklung der Menschen zeigt, dass diese Gruppe von Menschen damit auf lange Sicht für andere sowie für sich selbst negative Werte und Ergebnisse produziert hat.

2. Entwicklungsrichtung zwei

Verfolgen Sie bitte die Lebensgeschichten von Dieben, Lügnern, Gewalttätigen, Mördern usw. Wie sind diese Gewohnheiten entstanden? Könnte es sein, dass diese Menschen in ihrer Kindheit und im Laufe des Lebens aufgrund von Armut, Unwissen, Unterdrückung, Ungerechtigkeit von anderen gelernt haben, diese Wege zu gehen? Sie haben die Kraft nicht gefunden, um den normalen Weg im Leben zu gehen.

Die bisherige menschliche Entwicklung zeigt, dass es sogar einzelnen Personen, kleinen Gruppen von Menschen oder einem kleinen Prozentsatz der Menschheit aus der Entwicklungsrichtung eins gelingen kann, großen Schaden an der Entwicklung anderer Menschen, Gruppen von Menschen, Ländern, sogar Kontinenten zu verursachen.

Die Geschichte der Menschheit zeigt auch, dass es den Menschen der Entwicklungsrichtung eins gelingt, Systeme/Institutionen/Gesetze zu schaffen, um damit eigene Vorgehensweisen zu legalisieren und für eigene Vorteile (unter Inkaufnahme großer Nachteile für andere) anzuwenden.

Bekanntlich gibt es im Rahmen einer jeden Auseinandersetzung (von beiden Seiten oder nur von einer gewollt) auf kurze oder lange Sicht einen Gewinner und einen Verlierer. Meistens ist der Gewinner ja vorläufig im Plus, weil er Beute gemacht hat und sich dabei gestärkt fühlt.

Der Verlierer aber ist zunächst in der negativen Zone. Diese Menschen versuchen immer wieder hochzukommen, fallen aber unter Umständen immer wieder zurück. Dieser Zustand kann über Generationen hinweg andauern.

Es gibt auch Menschen der Entwicklungsrichtung eins, die trotz Reichtum, Macht sowie anhand von erreichter Lebensqualität usw. die Sinnlosigkeit ihrer Handlungen einsehen. Diese Menschen finden keine Zufriedenheit und Lebensfreude mehr und fallen zurück in die Entwicklungsrichtung zwei.

Falls Menschen der Entwicklungsrichtung eins und zwei glückliche Umstände haben und in ihrem Bewusstsein bereits vorhandene Eigenschaften der Entwicklungsrichtung drei weiterentwickeln, ist es möglich, in der Entwicklungsrichtung drei Erfolge zu erzielen.

Die Hauptmerkmale der Entwicklungsrichtung zwei sind:

Trägheit/Unlust/Untätigkeit; Unwahrheiten, Misserfolg, Korruption aus Not oder Gewohnheit, Schuldgefühle, Angst, Nachlässigkeit, Stresswirkung auf das Gehirn, eingeschränkte Wahrnehmung, Verzweiflung, eingeschränkte Vernunft

In dieser Situation gehen diese Menschen beispielsweise folgende Wege:

- Sie legen ihre Trägheit/Unlust/Untätigkeit ab und wandeln sich in die Entwicklungsrichtung eins.
- Sie werden alkohol-, drogen- oder glücksspielabhängig.
- Sie werden passiv, fallen in Depressionen und können unter Umständen sich selbst oder anderen viel Schaden zufügen.
- Sie werden kriminell, können anderen viel Schaden zufügen und zu großem Ballast für andere werden.
- Diese Menschen bilden Gruppen, kämpfen gegen Menschen der Entwicklungsrichtung eins und versuchen Rache zu nehmen. Sie gehen davon aus, dass sie durch Anwendung von Gewalt ihre eigene Situation verbessern können. Verbessern sie auf lange Sicht ihre Situation wirklich oder schaden sie ihrer eigenen Entwicklung erheblich?

Aus welchen Gründen auch immer ein Mensch in Entwicklungsrichtung zwei landet, ist jeder Mensch verpflichtet, sich nicht mit eigenen Gegebenheiten abzufinden, nicht in Entwicklungsrichtung eins zu fallen, hart zu arbeiten, sich Wissen anzueignen, sich Hilfe zu holen und alles daran zu setzen, auf eigenen Beinen zu stehen.

Falls diese Menschen es allein nicht schaffen und die Mitmenschen sich nicht schnell mit der „Hilfe zur Selbsthilfe" beeilen, entsteht ein Teufelskreis aus den Entwicklungsrichtungen eins und zwei, bei dem diese jeweils die Positionen tauschen. Die bisherige Entwicklung zeigt, dass die Gattung Mensch diesen Teufelskreis nicht durchbrochen hat.

Gibt es für Menschen die Möglichkeit, nicht in diesen Teufelskreis zu fallen und andere, die sich in diesem Teufelskreis befinden, herauszuholen?

Durch ihre innerliche positive Haltung verwenden die Menschen der Entwicklungsrichtung drei und vier häufiger und in höherem Maße positive Eigenschaften, um Handlungen durchzuführen.

3. Entwicklungsrichtung drei

Lassen Sie uns die Eigenschaften der Menschen der Entwicklungsrichtung drei sowie die damit produzierten Werte für sich selbst und andere Betroffene anschauen.

Wie produziert ein Mensch Werte wie Freiheit, Anpassungsfähigkeit, Wahrheit, Verantwortung, Toleranz, Respekt, Mitgefühl, Liebe etc.?

Lassen Sie uns einer fiktiven Geschichte zweier Studenten, die an einer Universität gerade ihr Studium begonnen haben, nachgehen. Einer studiert Volkswirtschaft und der zweite beginnt ein Studium der Philosophie und Sozialwissenschaften. Durch Zufall treffen sie sich in der Mensa, kommen ins Gespräch und finden sich gegenseitig sympathisch. Sie treffen sich öfter und freunden sich an.

Freiheit: Am Anfang läuft alles prima. Beide gehen rücksichtsvoll miteinander um und achten die gegenseitige Freiheit. Es ist eine Freundschaft entstanden, bei der die gegenseitige Freiheit respektiert wird.

Im Laufe der Zeit merkt aber der Philosophiestudent, dass er selbst nach dem Prinzip handelt, nur ihn selbst betreffende Entscheidungen frei und ohne Einmischungen und Druck von anderen zu treffen, gleichzeitig aber auf die Freiheit der anderen zu achten. Nach dem Motto: Meine Freiheit hört dort auf, wo die Freiheit von anderen beginnt. Sein Freund aber, obwohl er für sich volle Freiheit beansprucht, achtet nicht genügend auf die Freiheit der anderen.

Für das gemeinsame Vorhaben realisiert der Volkswirtschaftler sehr häufig seine eigenen Wünsche und Vorstellungen ohne Rücksicht auf die Rechte, Wünsche und Vorstellungen seines Freundes.

Er erfährt mehr über seinen neuen Freund: Der Volkswirtschaftler kommt aus einer reichen Unternehmerfamilie. Er hat monatlich viel Geld zur Verfügung. Er raucht Pfeife mit teurem Tabak, trinkt viel Alkohol und hat zusätzlich negative Eigenschaften wie Zorn und Überheblichkeit.

Zunächst will der Philosophiestudent die neue Freundschaft nicht mehr pflegen. Aber dann denkt er an seine feste Überzeugung, Widerstände zu überwinden und positive Eigenschaften überall anzuwenden, sozusagen als Hilfe zur Selbsthilfe.

Anpassungsfähigkeit: Um mehr über seinen Freund zu erfahren und festzustellen, ob er wieder zu positivem Verhalten zurückfindet oder, falls nicht, wie weit er seinem neuen Freund in seiner weiteren Entwicklung zur Seite stehen kann, passt er sich an das Verhalten und die Wünsche des Volkswirtschaftsstudenten an.

Wie wir hier sehen, hat der Philosophiestudent einen Wert geschaffen: Er hat zunächst, um mehr Wahrheit zu erfahren, eine Basis für ein harmonisches Nebeneinander gestellt.

Wahrheit: Er versucht ihn zum Reden zu bringen und erfährt, dass sein Freund als ein Einzelkind mit wenig Zuwendung von seinen Eltern erzogen wurde. Die Eltern waren mehr auf das Unternehmen als auf den Sohn konzentriert: Das Unternehmen so groß wie möglich zu machen, viel Geld zu verdienen. Sein Freund erfuhr dadurch wenig Liebe. In seinem Herzen war er ein einsamer Mensch und nicht sehr stark in seinem positiven Verhalten.

Hier hat der Philosophiestudent erkannt, dass es für eine Basis zur Ausübung der Menschlichkeit zunächst erforderlich ist, die Wahrheit zu erfahren.

Verantwortung: Aufgrund seines positiven Wesens weiß der Philosophiestudent, dass sein Freund Hilfe braucht. Er selbst hat die Möglichkeit, zu verstehen und den Wert der Nächstenliebe in der Praxis zu erleben.

Geben statt nehmen: Der Philosophiestudent hat nicht an seine Bequemlichkeit und seinen Vorteil gedacht, sondern das „Geben statt nehmen"-Prinzip praktiziert: Er hat den Grundstein für einen in der Zukunft zu erzielenden Wert gelegt, für die positive Weiterentwicklung seines Freundes sowie seine eigene.

Verständnis, gewaltlose Kommunikation, gewaltlose Proteste, Toleranz, Respekt, Mitgefühl: Der Philosophiestudent zeigt Verständnis für das negative Verhalten seines Freundes. Er übt keine Kritik und führt mit ihm aufklärende gewaltlose Gespräche über den Sachverhalt. Er sagt ihm höflich, dass sein Verhalten ihm weh getan hätte und bittet ihn, sein Verhalten in Zukunft zu verändern. Falls erforderlich, praktiziert er auch gewaltlose Proteste, um ihm das Ergebnis seiner negativen Eigenschaften bewusst zu machen. Selbst sucht er ähnlich gelagerte Gelegenheiten und verwendet seine positiven Eigenschaften, um seinem Freund die erzielten positiven Werte vor Augen zu führen.

Dadurch erlebt der Volkswirtschaftsstudent die positiven Ergebnisse und bewegt sich mehr und mehr in Richtung des positiven Verhaltens.

Liebe: Das Ergebnis ist, eine ausgeglichene, freudvolle, vertrauensvolle Freundschaft aufzubauen und die mit Liebe erfüllte zwischenmenschliche Beziehung zu genießen.

Die Menschen der Entwicklungsrichtung drei verwenden überwiegend positive Eigenschaften und besitzen unter anderem folgende charakterliche Merkmale:

- Durch Aneignung von mehr Wissen über positive Eigenschaften sowie deren Anwendung leben diese Menschen überwiegend angstfrei und erleben Freude.
- Für ihre materielle und immaterielle Entwicklung arbeiten diese Menschen hart.
- Sie handeln nach dem Motto: Die Früchte meiner Arbeit sind nicht nur für mich! Sie sind geübt in Entsagung. Sie sorgen für sich selbst und ihre Familie und setzen den Überfluss als „Hilfe zur Selbsthilfe" bedürftiger Menschen ein.
- Sie praktizieren Selbstdisziplin, Selbstbeherrschung, Aufrichtigkeit, Demut, Geduld, Kompromissbereitschaft, Vergebung etc.
- Mit gewaltfreien Protesten und erfolgreicher Kommunikation sind diese Menschen in der Lage, zu zweit oder in kleinen Gruppen mit ihrem Gegenüber (ganz gleich, in welchem Entwicklungszustand diejenigen sich auch befinden) zu reden und die Wahrheit zu erfahren. Ziel ist es, gemeinsam einen Kompromiss zu finden und den anderen durch Hilfe zur Selbsthilfe für die weitere Entwicklung zur Seite zu stehen.
- Sie verwirren bzw. wickeln andere Menschen nicht ein und lassen sich von anderen Menschen auch nicht verwirren oder einwickeln.

- Sie sind hungrig nach neuem Wissen für ihre eigene Entwicklung und zur Weitergabe an andere und deren Entwicklung.

4. Entwicklungsrichtung vier

Diese ist die höchste Entwicklungsstufe der Menschen. Die Aufgabe ist nicht leicht, aber nicht unmöglich und nachvollziehbar. Den Menschen auf diesem Entwicklungsstand ist es gelungen, sich folgende charakterliche Merkmale anzueignen:

- Diese Menschen sehen die Einheit des gesamten Daseins (Universum, Erde, Pflanzen, Tiere, Menschen usw.). Sie sehen die Gattung Mensch als eine Einheit über die Grenzen der Länder, Religionen, deren Verschiedenheit und Entwicklungszustand. Sie sehen, dass alles als ein Netzwerk miteinander und voneinander abhängig verbunden ist.
- Diese Menschen wissen, dass sich die Menschen/Tiere/Pflanzen usw. in Eigenschaften und den dabei produzierten Werten sowie in ihrer Entwicklung voneinander unterscheiden. Alles besteht aus Materie, Energie und Funktionskraft.
- Die Menschen der Entwicklungsrichtung vier sehen in jeder Form des Daseins das Abbild von „Gott". Die Summe von allem ist für sie „Gott" (dabei ist es unwichtig, wie sie diesen „Gott" benennen).
- Sie sind auch unter schweren Lebensbedingungen gleichmütig. Sie haben unendliche Geduld. Unter schweren Vorwürfen und Verleumdungen fühlen sie sich nicht beleidigt. Selbstkritisch untersuchen und korrigieren sie gegebenenfalls ihre Haltung und Handlungen. Oder sie verzeihen den anderen, falls dies nicht zutrifft, und helfen ihnen mit gewaltlosen Mitteln, sich zu ändern.
- Diesen Menschen gelingt es, sich die höchste Stufe der positiven Eigenschaften anzueignen und sich für das gesamte Dasein einzusetzen. Diese Menschen wissen ganz klar und deutlich, dass sich jede Daseinsform und jeder Mensch auf der Zeitachse in der Entwicklung befindet.

- Diese Menschen unterteilen die anderen nicht in Freund und Feind. Sie haben das Bewusstsein, alle anderen Menschen unabhängig von deren Verhaltensweisen, welche Werte sie auch produzieren oder auf welchem Entwicklungsstand diese stehen, bedingungslos so zu akzeptieren, wie sie sind. Diese Menschen sind selbstlos. Deren Ziel ist es, durch eigenen Einsatz den anderen auf dem Weg in die Entwicklungsrichtungen drei und vier mit gewaltlosen Mitteln zur Seite zu stehen.
- Deren Bewusstsein ist so gut entwickelt, dass sie sich auch in den schlechtesten Gesellschaften nicht beirren lassen, sondern an ihrer positiven Entwicklung festhalten.
- Deren Glücksgefühle entspringen aus dem Glücklichmachen von anderen.
- Auch wenn andere Menschen ihnen bewusst Leid zufügen, bleiben sie auf dem positiven Weg und helfen ihnen aus solchen negativen Handlungen herauszukommen. Diese Menschen besitzen die Kraft, gegenüber großen Menschenmengen und sogar gegenüber Ländern mit erfolgreicher Kommunikation und gewaltfreien Protesten zu bestehen und für alle Beteiligten möglichst positive Ergebnisse zu erzielen.

Wissen Sie nun, in welcher Entwicklungsrichtung sich die in „Eigenschaften – Entstehung von Werten" erwähnten Forscher Albert Einstein, Mutter Teresa oder Mahatma Gandhi befanden?

Mit der Vermeidung von Entwicklungsrichtung eins wird Entwicklungsrichtung zwei weniger, und Entwicklungsrichtung drei und vier werden forciert. Wenn man sich nicht bewusst in Entwicklungsrichtung drei und vier bemüht, entwickelt sich der Mensch in Richtung eins und zwei.

Wenn die nicht ganz standfesten Menschen der Entwicklungsrichtungen drei und vier in den Teufelskreis der Auseinandersetzungen der Entwicklungsrichtungen eins und zwei geraten, können diese unter Umständen ihre positive Richtung teilweise verlieren.

Meine Lösungsansätze – wie ist Ihr Weg?

1. Die Menschheit – Sinn

Je mehr Forscher die verschiedenen Formen des gesamten Daseins (von der Bakterie bis zum Universum) unter die Lupe nehmen, desto mehr stellen sie fest, dass jede Form der Existenz durch ihre Funktion einen Sinn erfüllt. Sie erfüllt zunächst den Zweck der eigenen Existenz. Gleichzeitig dient sie aber dem Zweck, die Funktionsfähigkeit und Sinnerfüllung anderer in unserer Natur befindlicher Existenzformen sicherzustellen.

Ein Beispiel aus dem großen Netzwerk unserer Existenz: Sonnenstrahlen ermöglichen es der Pflanzenwelt, Sauerstoff zu produzieren, der wiederum nicht nur für die Funktion der Pflanzenwelt verwendet, sondern auch anderen Lebewesen für deren Lebenserhalt und -entwicklung zur Verfügung gestellt wird. Damit wird deutlich, dass die Gattung Pflanze ihre eigene Funktion erfüllt. Sie verhilft aber auch anderen Lebewesen dazu, ihre Funktion zu erfüllen.

Wie in der Pflanzenwelt wird auch ein gewisser Entwicklungsstand vom Menschen – von jedem einzelnen sowie von der Gattung Mensch – erwartet. Ziel ist es, Funktionen zu erfüllen, die mit gerechten Handlungen der eigenen Lebenserhaltung und der von anderen Menschen und Daseinsformen dienen.

Es ist sinnlos, als Mensch die globale Verantwortung von sich zu schieben mit dem Hinweis: „Das soll die Politik richten." Oder: „Ich habe davon nichts gewusst." Oder: „Ich bin allein, was kann ich schon verändern?" Wenn Sie das Nachfolgende gelesen haben, können Sie, wenn Sie es wirklich wollen, ganz alleine anfangen!

Ist es eine Utopie, dass es in Zukunft möglich ist, eine Menschheit auf der

Erde zu haben, deren Handlungen davon geleitet sind, anderen Menschen auf der Erde sowie anderen existierenden Daseinsformen keinen Schaden zuzufügen?

Ich meine, wenn wir uns als Menschen richtig entwickeln, dann ist es möglich.

Gibt es Lösungen? Können Sie als Verantwortliche in den Wirtschaftsunternehmen oder Sie als Mensch, gleich wo Sie auch leben und was Sie auch tun, selbst aktive „Mitgestalter" werden? Möchten Sie die folgenden Entscheidungen treffen?

- Es ist mir klar geworden, dass die heutigen Formen der Globalisierung/des Neokolonialismus und des Weltwirtschaftssystems die entwickelten Länder befähigen, die Entwicklungsländer auszubeuten. Ich warte nicht, bis diese Systeme sich ändern. Es ist meine Aufgabe als Nutznießer dieser Ausbeutung, die den Menschen in den Entwicklungsländern angetanen Ungerechtigkeiten nach meinen Möglichkeiten auszugleichen.
- Ich warte nicht, bis sich die heutige Politik, die Wirtschaft oder das Wirtschaftssystem ändern. Es ist meine Aufgabe, mit harter Arbeit so viel Geld wie möglich zu verdienen und, nach Abzug der Kosten für eigene Verpflichtungen, das Geld für die Not leidenden Menschen in den Entwicklungsländern als „Hilfe zur Selbsthilfe" zu verwenden. Ausbildung statt Armut.
- Ich werde ein „aktiver Mitgestalter". Die Aufgabe der „Hilfe zur Selbsthilfe" nehme ich in meine eigenen Hände. Es ist meine Aufgabe, sicherzustellen, dass diese „Hilfe zur Selbsthilfe" zur Selbstständigkeit und zum Erfolg Notleidender führt.
- Ich kann 30 Euro im Monat entbehren: Über eine seriöse NGO (Nichtregierungsorganisation) in den Entwicklungsländern übernehme ich ein Patenkind. Diese NGO gibt mir Details über mein Patenkind. Ich weiß, in welcher Schule bzw. Klasse es ist, welche Fächer es hat usw.

Ich begleite dieses Kind wie mein eigenes bis zum Berufsabschluss und zur Familiengründung.

- Ich kann 150 Euro pro Monat entbehren: Ich suche eine Familie über eine seriöse NGO, in der die Eltern sowie die Kinder arbeiten müssen, um ihren Lebensunterhalt zu verdienen. Die Kinder gehen nicht zur Schule. Das Geld, das die Kinder heute verdienen, vergüte ich den Eltern. Die Kinder, die weiterhin bei ihren Eltern leben, nehme ich an die Hand und stelle sicher, dass sie zur Schule gehen können oder einen Beruf erlernen und verfahre wie oben beschrieben.

- Oder ich nehme einen jungen Menschen an die Hand, dessen Eltern nicht in der Lage sind, die Universitätskosten bereitzustellen. Ich begleite diesen jungen Menschen bis zum Ende des Studiums und in die Selbstständigkeit.

- Ich kann 700 Euro im Monat entbehren: Ich spare dieses Geld für ein paar Monate. Über eine seriöse NGO suche ich einige Familien in einem Entwicklungsland, die heute in den Dörfern als Arbeiter in der Agrarwirtschaft arbeiten, in Armut leben und deren Kinder nicht zur Schule gehen können. Ich stelle der NGO das Geld zur Verfügung, um diesen Familien ein paar Kühe oder ein Stück Land zu kaufen. Diese Menschen kommen dadurch auf ihre eigenen Beine. Ich begleite diese Familie ihr ganzes Leben lang. Die Kinder gehen zur Schule/Universität und in einigen Jahren werden sie eventuell zum Fortschritt der Menschheit beitragen können.

- Ich kann 3.000 Euro im Monat entbehren: Ich tue mich mit gleichgesinnten Menschen zusammen. Gemeinsam wird mithilfe der Regierung z.B. in einem Entwicklungsland eine Berufsausbildungsstätte eröffnet.

- Ich kann 7.000 Euro im Monat entbehren: Ich tue mich mit Gleichgesinnten zusammen und übernehme die Verantwortung für ein Dorf in einem Entwicklungsland.

- Wir sind vermögende Personen, Millionäre, Milliardäre oder wir sind politisch Verantwortliche oder wir sind die Verantwortlichen eines Wirtschaftsunternehmens. Wir agieren allein oder wir tun uns mit anderen Gleichgesinnten zusammen und übernehmen die Verantwortung für die Entwicklung der Menschen in mehreren Dörfern eines Entwicklungslands. Wir bauen dort Infrastrukturen, Schulen, Universitäten und Industrie.

- Je nach meinen Möglichkeiten – in meiner kleinen Gruppe, meinem Dorf, meiner Stadt, meinem Land, auf meinem Kontinent – aktiv werden, um mit allen anderen zusammen meinen gewaltlosen Protest gegen die Politik und die heutigen Formen der Globalisierung/des Neokolonialismus und das Weltwirtschaftssystem durchzuführen (Kontaktherstellung über die heutigen elektronischen Medien wie Internet).

- Es ist eine schwierige Aufgabe, eine seriöse NGO zu finden. Es gibt z.B. in Indien Tausende von NGOs. Die Planungskommission, eine Behörde der indischen Regierung, hat empfohlen, eine NGO in Mumbai, die eine Liste von ca. 200 zertifizierten NGOs jährlich erstellt, zu kontaktieren. Die Website dieser NGO lautet: www.giveindia.org. Auf dieser Website sind unter dem Link „Certified NGOs" die in verschiedenen Feldern tätigen NGOs aufgelistet. Nähere Informationen über diese „Grass-Root"-NGOs finden Sie auf dieser Website. Trotzdem es ist wichtig, einen direkten Kontakt mit dem Empfänger zu halten. Seien Sie bitte vorsichtig mit „Grassroot"-NGOs, die Ihnen einen direkten Kontakt mit dem Empfänger nicht ermöglichen. In anderen Ländern wird auf ähnliche Weise vorzugehen sein.

- Ich weiß, dass meine Handlungen von meinen bisherigen Eigenschaften und Gewohnheiten gesteuert werden. Ich weiß auch, dass ich meine Handlungen vermehrt mit positiven Eigenschaften durchzuführen habe. Ich werde so weit und schnell wie möglich meine Eigenschaften der Entwicklungsrichtung eins und zwei ablegen und mich in Entwicklungsrichtung drei und vier begeben, falls erforderlich mithilfe von Meditation. Ich werde mein Bestes tun, um während meines Lebens meine höchstmögliche Entwicklung zu erreichen.

Sie werden gemäß meinen Feststellungen eine wirkliche Lebensfreude erfahren, die Sie bisher nicht erlebt haben, wenn Sie mit Ihren besten Möglichkeiten den oben beschilderten Weg gehen.

2. Religionen

Alle Religionen dieser Erde sind irgendwann auf der Zeitachse entstanden und basierten auf den damaligen und in diesem Erdteil gültigen kulturellen Gegebenheiten, dem Entwicklungszustand der Menschen usw. Alle Religionen, außer ihr esoterischer und mystischer Bestandteil, haben Verhaltensrichtlinien für die Entwicklung von Menschen und das Zusammenleben mit anderen Menschen geschaffen.

Leider haben die Religionen keine gemeinsame Basis für die Menschen der gesamten Welt geschaffen. Aus heutiger Sicht haben die Hauptreligionen mehr Gewicht auf den esoterischen und mystischen Teil der Religion gelegt. Es ist bisher nicht gelungen, eine für alle Menschen nützliche Werte erzeugende Weltgemeinschaft zu etablieren.

In unserer globalisierten Welt benötigt heute jeder Mensch auf der Erde Hinweise für das eigene Verhalten in einem globalen Kontext sowie Richtlinien für das Zusammenleben mit anderen Menschen und Lebensformen, um das Leben in Sicherheit, erfolgreich und freudvoll genießen zu können.

Ihre Aufgabe ist es, mit der Politik zusammen die globalen positiven menschlichen Werte, soziale Gerechtigkeit und gesellschaftlich-ethisch-moralische Verantwortung gegenüber allen Formen der Existenz (Menschen, Tiere, Pflanzen usw.) international in den Schulen, Berufsschulen, Universitäten, Politik, Wirtschaft, Wissenschaft usw. zu propagieren und im Bewusstsein der Menschen zu verankern.

3. Politik

In den Kapiteln „Globalisierung" und „Weltwirtschaftssystem" haben Sie gelesen, wie die heute ausgeübte Politik von Ländern bzw. Gruppen von Ländern und Kontinenten im Zusammenspiel mit der Wirtschaft aussieht.

Ist die Zeit nicht reif, dass die Politiker der entwickelten Länder nicht nur für die Entwicklung der eigenen Länder bzw. Gruppen von Ländern und Kontinenten handeln, sondern bei jeder Aktion an die Auswirkungen für die Entwicklung aller Länder und aller Menschen denken?

In den USA hatten 2016 bei den Wahlen die Rechtsradikalen in der Republikanischen Partei gewonnen. Es hat gezeigt, dass in den USA sehr viele Menschen mit ihren wirtschaftlichen und anderen Gegebenheiten nicht zufrieden sind. Der Wahlspruch von Präsident Trump „America First" machte deutlich, dass Amerika sich nun um die Lösung seiner eigenen Probleme kümmern möchte. Das Verhalten gegen die schwächelnde Europäische Union oder das wenige Interesse in der NATO usw. zeigen, dass die bisherige Weltmacht der westlichen Welt, die USA, an ihrer bisher ausgeübten Rolle in der Weltpolitik nicht mehr so interessiert ist.

Ist dies nicht eine Chance für die Weltpolitik? Die UNO hat die Aufgabe, die Weltpolitik zu steuern. Die dafür notwendige Vollmacht hat die UNO aber nicht.

Lassen Sie uns gemeinsam sicherstellen, dass unsere Weltpolitik wie folgt reformiert wird: durch die Schaffung einer politischen Dachorganisation der Welt – eine Weltregierung. Es wird keinen Sicherheitsrat der Vereinten Nationen geben.

Diese Weltregierung und die Regierungen der Länder bzw. Gruppen von Ländern würden nach dem Prinzip des politischen Föderalismus zusammenarbeiten. Die Weltregierung wäre für die Einheit, den Bestand und die Einhaltung der Gerechtigkeit zwischen den einzelnen Ländern bzw. Gruppen von Ländern zuständig. Die umstrukturierten heutigen Institutionen wie IWF, WTO, Weltbank usw. würden direkt unter dieser Weltregierung arbeiten, so dass diese Institutionen nicht von den einzelnen Ländern für deren eigene Vorteile missbraucht würden.

Die Aufgaben dieser Weltregierung in enger Koordination mit den einzelnen Regierungen würden wie folgt aussehen:

- In Zusammenarbeit mit den Regierungen werden Rahmenbedingungen für eine sinnvolle materielle und immaterielle Entwicklung aller Menschen auf der Erde geschaffen.
- Es wird eine weltweite Dachorganisation für die „Hilfe zur Selbsthilfe" bei der Weltregierung geschaffen. Alle Länder installieren eine Institution für die „Hilfe zur Selbsthilfe" im eigenen Land mit dem Ziel, so schnell wie möglich in den Entwicklungsländern das Elend der Armen zu beseitigen.
- Die Landesregierungen etablieren landesspezifische „Hilfe zur Selbsthilfe"-Institutionen in den verschiedenen Gebieten des Landes.
- Das Ziel ist es, in Koordination mit Schulen/Berufsschulen/Universitäten usw. sicherzustellen, dass sich die Menschen durch „Hilfe zur Selbsthilfe" entsprechend ihrem Können und ihren Wünschen entwickeln.
- Waffenbesitz und Waffengewalt überall auf der Welt liegen ausschließlich bei dieser Weltregierung. Ihre Aufgabe ist es auch, mit vorbeugenden Maßnahmen Konflikte zwischen den Ländern zu verhindern. Ziel soll es sein, ohne Gewaltanwendung die Probleme zu lösen.
- Um diese Tätigkeiten auszuführen, werden finanzielle Mittel sowie Wissen für die nachzuholende sinnvolle Industrialisierung der Entwicklungsländer benötigt. Die Gewalt über diese finanziellen Mittel hat auch diese Weltregierung. Es wird ein „Welt-Hilfs-Fonds" errichtet. Die entwickelten Länder wie die USA, Kanada, die Länder der EU, Australien usw. geben anstatt der jetzigen Entwicklungshilfe einen „wirtschaftlichen Ausgleich". Das notwendige Wissen wird von den entwickelten Ländern kostenfrei zur Verfügung gestellt.

4. Weltwirtschaftssystem

Lassen Sie uns gemeinsam unser Weltwirtschaftssystem im Lichte einer „globalen ökonomischen Familie" konzipieren. Lassen Sie uns gemeinsam die bis heute andauernde Ausbeutung der Entwicklungs- und Schwellenländer beenden. Hierzu einige Grundgedanken:

Für die Herstellung eines Produktes benötigen wir Menschen Geld, Rohmaterialien (z.B. Eisenerz, Rohöl) und Wissen.

Aufgabe der Weltregierung wird es sein, ein Weltwirtschaftssystem mit folgenden Grundmerkmalen aufzubauen und die Erstellung von Rahmenbedingungen sowie die Koordination und Steuerung des Weltwirtschaftssystems inklusive des Finanzsystems sicherzustellen. Das Prinzip des Föderalismus in Zusammenarbeit mit den einzelnen Ländern bzw. Gruppen von Ländern bleibt auch hier aufrechterhalten.

Das sind die Grundmerkmale der Weltregierung:

- Durch „Hilfe zur Selbsthilfe" werden die entwickelten Länder wie die USA, die Länder der EU usw. (unter Koordination und Steuerung der Weltregierung) sicherstellen, dass die Entwicklungsländer, soweit diese Länder dies für sich sinnvoll und erforderlich halten, industrialisiert werden. Danach wird jedes Land bzw. jede Gruppe von Ländern die Produkte selbstständig, so weit wie möglich und sinnvoll, für den eigenen Bedarf produzieren. Die eigene Herstellung von Produkten wird nur möglich sein, wenn die Menschen, wie unter „Die Menschheit – Sinn" geschrieben, eine Schule besucht haben, einen Beruf gelernt oder die Universität besucht haben. Der Handelsbilanzausgleich muss gewährleistet sein. Zahlungseingang entspricht Zahlungsausgang.
- Rohmaterialien (ein Geschenk der Natur) werden pro Person auf der Erde aufgeteilt. Die Wirtschaft jedes Landes bzw. jeder Gruppe von

Ländern kann, abhängig von der Anzahl ihrer Bewohner, für ihre Industrien die Rohmaterialien erhalten.

- Das weltweit produzierte Wissen (Forschung und Entwicklung), unabhängig davon, wo dieses Wissen auf der Erde produziert wird, wird sofort den anderen Erdbewohnern zur Verfügung gestellt.

- Die Kosten für die Förderung der Rohmaterialien sowie für die Forschung und Entwicklung werden über einen Fonds finanziert, der unter der Koordination und Kontrolle der Weltregierung steht. Die Länder bzw. Gruppen von Ländern teilen die Kosten jeweils nach deren Bruttosozialprodukt.

- So könnte es der Vergangenheit angehören, dass die exportsubventionierten Agrarprodukte aus den USA und aus der Europäischen Union in Afrika verkauft werden. Oder dass mit Trinkwasser gefüllte Flaschen in Afrika oder in anderen Teilen der Welt verkauft werden, weil es dort keine Wasseraufbereitungsanlagen bzw. Flaschenfüllanlagen gibt.

- Der weltweite Handel findet so weit wie möglich direkt zwischen großen Produzenten bzw. Exporteuren (für eine Gruppe von kleinen Produzenten) und Verbrauchern über das Internet statt. Damit entfallen die Handelsspannen von Importeur und Einzelhandel. Für die Koordination der Lieferung von Waren, Transport, Kundenservice und Reklamationen usw. entstehen weltweit Dienstleistungsunternehmen.

- Die Konkurrenz zwischen Menschen/Ländern/Kontinenten wird anders geregelt sein. Das erarbeitete Wissen mit allen Details wird so schnell wie möglich weltweit weitergeleitet. Die Aufgabe ist, das Wissen und Produkte zu entwickeln, die den Menschen weltweit helfen, ihre materiellen und immateriellen Entwicklungen optimal sicherzustellen.

- Alle Menschen auf der Erde, vom Handwerker bis zum Unternehmer, je nach Interesse, Können, Berufung und Leistung, können ihren Beruf wählen. Als „aktiver Mitgestalter" lebt jeder mit der gleichen Würde nach dem Subsidiaritätsprinzip und trägt die Verantwortung gegenüber anderen Menschen für deren „Hilfe zur Selbsthilfe".

- Die höchsten und niedrigsten Einkommen auf der Erde stehen in einem bestimmten Verhältnis zueinander. Dieses Verhältnis ist so bemessen, dass kein Mensch auf der Erde weniger als 50 % (definiert als Armutsgrenze durch die WHO) des Durchschnitts aller Einkommen auf der Erde erhält.

5. Fazit

Welche Ergebnisse und Vorteile können wir erwarten, wenn es uns Menschen gelingt, das auf diesen Seiten Beschriebene zu realisieren?

- Jedes Land bzw. jede Gruppe von Ländern oder jeder Kontinent hat so weit wie erforderlich und sinnvoll das Notwendige für die eigene Herstellung von Produkten und die Sicherstellung der materiellen und immateriellen Entwicklung seiner Bürger.
- Die Ausbeutung und die Kriege in der Welt zur Sicherstellung des eigenen Rohmaterialienbedarfs werden aufhören.
- Die Arbeitsplätze wandern nicht aufgrund günstigerer Produktionskosten in ein anderes Land, sondern bleiben im eigenen. Es wird kaum Arbeitslosigkeit geben. Die erforderliche Arbeitszeit wird entsprechend der technologischen Entwicklung und dem Automationsgrad reguliert.
- Überall werden eigenständige Menschen existieren, die gemeinsam zu weiteren materiellen und immateriellen Entwicklungen aller Menschen auf der Erde beitragen.
- Es wird eine Menschheit entstehen, die global (über die Grenzen der Länder, Kontinente, Hautfarben, Geschlechter, Entwicklungsstände, Politik, Religion usw. hinweg) für eine positive Entwicklung von allem Existierenden handelt.
- Dieser Weg ermöglicht für alle ein freudiges Leben. Ein Beispiel: Was erhalten Eltern, die bei eigenem Verzicht Kinder großziehen und vieles für deren Entwicklung zur Verfügung stellen? Pure Lebensfreude, wenn

diese Kinder als Erwachsene selbstständig ihr Leben meistern und gute Menschen werden.

- Welche Lebensfreude kann ein Mensch erwarten, wenn er durch „Hilfe zur Selbsthilfe" anderen Menschen für deren Entwicklung so viel wie möglich zur Seite steht?
- Und für die religiösen Menschen: Ganz gleich zu welcher Religion sich ein Mensch hingezogen fühlt, kann er das von seiner Religion propagierte Endziel des Lebens schon auf Erden und nicht erst nach dem Tod finden. Denn er ist in der Lage, die Einheit in der Gesamtheit zu erkennen, weil für ihn unsichtbare Kraft (oder wie er auch diese Kraft benennen möchte) nichts anderes ist als die Summe aller unsichtbaren befähigenden Kräfte, verteilt in allen Formen der Existenz, in Menschen, Tieren, Pflanzen usw.

Damit erreichen bereits zu Lebzeiten und nicht erst nach dem Tod die Mohammedaner ihre „Jannah", die Christen und Juden nach der Trennung Adams und Evas von Gott die Wiedervereinigung mit Gott, die Buddhisten ihr „Nirwana" und die Hindus ihr „Moksha".

MANAGEMENT OF VALUES

MANAGEMENT
OF VALUES

Global Human material and
immaterial Values Development
for a useful Globalisation and a
fair World Economic System

GHANISHAM D. GULATI

Subject-matter of this book:

The present form of Globalisation and World Economic System confront the humanity with big challenges. I explain the reasons for the poverty in the Developing Countries. With my concept, that is based on the fundamental idea of "Help for Self-help" I put tangible solutions, how the World Economic System can be restructured.

As ex-Businessman, I travelled a lot in the world, saw lot of misery, and decided to do something against it with my possibilities. With this book and my website www.managementofvalues.com I want to insert me for development of Global Human Values, for a purposeful Globalisation and a fair World Economic System.

The elimination of poverty on earth lies in our own hands!

Bibliographical Information of the Deutsche Nationalbibliothek:
This publication is listed in the Deutsche Nationalbibliographie
of the Deutsche Nationalbibliothek;
detailed bibliographical information can be accessed
under http: //dnb.d-nb.de

© 2020 Ghanisham D. Gulati
Printing, Production and Layout:
BoD – Books on Demand, Norderstedt
E-Book ISBN: 978-3-7504-9235-6

ISBN: 978-3-7504-5016-5

Content

Summary of the Contents

MANAGEMENT OF VALUES

Global Human material and immaterial Values Development for a useful Globalisation and a fair World Economic System

We know that every human being is different. No one is same. The basis for the development of a human being are his qualities.

The qualities form basis of all activities and these produce material and immaterial values.

The sum of all material and Human Values produced for oneself and for others is the crop of one's life (fulfilment of the purpose).

The development of humanity under the prevailing forms of world economic system and globalisation/Neo-Colonialism, according to me, will lead us most probably to failure.

When today it is spoken about human values, it is said: American values, British values, European values, Asian values and so on. Don't you think that the humanity requires for its development "Global Human materiel and immaterial Values"

With use of Global materiel and immaterial Human Values for the globalisation and world economic system it can be made possible to achieve a great materiel and immaterial development of the whole humanity.

Do you know how the material development of human beings takes place today

The main reason for the finance and economic crises in the world, the present increasing unemployment in the developed countries, the misery of the developing countries and the poverty on earth has been the use of the economic theories of Adam Smith in the world economic system as fundamentals. Formulated in 1760, in his fundamentals the human beings are, for me not comprehensible reasons, rather intentionally encouraged to act maximum in their own benefit and interest.

Under "Globalisation" and "World economic system" you will come to know how during 18th century and middle of 20th century India's and China's world trade share reduced itself from 47,7% to 9,0%, degrading them from highly developed countries to developing countries.

You will read how our world economic system functions today. Few practical examples show how from the total added value created by the global trading for example textile clothing or sport shoes about 70% – 80% of money goes to the European/USA etc. economy and only 20% – 30% to developing countries or emerging economy countries. Please read also how through Fisheries Agreements EU/West Africa for example with Mauritania from the total added value today about 95% of the money remains in European countries and 5% in Mauritania.

Fair trade, development aid etc. are " facades " of the business corporations and politics of the developed countries. Between fair trade and normal business with the developing countries and emerging market countries there is hardly any difference.

For the last about 500 years as well today, the form of globalisation, World Economic System, Neo-Colonialism as well as exploitation is being implemented only by handful potentates entrusted with power

in the developed countries. The rest of human beings in the developed countries knowingly or unknowingly as beneficiary of this exploitation have been just fellow-runners. These handful potentates have not been aware of unity of all the different forms of existence and not been able to comprehend all the human beings as a part of this network. These human beings are often not aware that systems of our nature do not act "maximum for their own benefits and interest", but they "give as much as they can". What are the in depth reasons that these human beings do such devastating actions?

The restructuring of the world economic system and the globalisation is not only an achievable goal but according to me indispensable.

How do the qualities and mode of dealings of a human being get developed? How does this result in totally different individual development? How and what different material values (money, property etc.) and immaterial values (supporting others for their development with help for self-help through Tolerance, respect, compassion etc. or on other hand disregard the rights of other human beings or other forms of existence through exploitation, arrogance, egoism etc.) does each human being produce through this individual behaviour?

Human beings with Global negative immaterial values have e.g. following characteristics:

Arrogance, pride, overestimation of self, anger, roughness, hypocrisy, untruthfulness, aggression, selfishness, Ignorance about social code of conduct, Ignoring the rights of others, lack of understanding about the limits of personal and violating the freedom of other human beings and other forms of existence on earth, Attitude of take as much as possible

Fearfulness; Attitude of drawing boundaries – I, my family, my village,

my city, my country, my group of countries; my continent; Classifying other human beings as foes and friends; Use of violence/wars to kill foes

Excessive attachment to material development – to become rich as quickly as possible – if necessary even at the cost of others, using unfair means

Deriving zest of life/well-being from the material possessions; Exhibiting material possessions; Worries generating cravings and clinging to material possessions

Human beings with Global positive immaterial values have e.g. following characteristics:

These human beings see the oneness of all – animate and inanimate (Universe, earth, living beings – Plants, animals, human beings etc.). They see the unity of the human species above the boundaries of countries, religions, their diversities or their stage of development. They observe that everything is connected to the other with networks and all are dependent on one another.

They also possess equanimity under difficult situations. They have vast reservoir of patience. Even in the face of the worst allegations and defamations they do not get offended. With an attitude of self-criticism they scrutinise and where required change their own attitudes and actions. They are quick to forgive and always ready to help others to change themselves positively.

They adopt qualities of the highest degree and utilise them for the good of all existence. They know very well that every form of existence and every human being is on the time axis in a developing stage.

They do not divide the world into friends and foes. They have achieved

the stage of accepting others as they are irrespective of their behaviour, whatever the values they produce and whatever the stage of their development. They are utterly selfless.

Their happiness arises from making the others happy.

Even when others deliberately harm them, they remain steadfast on the positive path, and help them to come out of their negative behaviour.

Your Decision

You can decide if you want to live with the danger which is created by the global poverty/miserable situation and can harm all of us or want to act now. You can reduce this danger through making your surplus available as help for self-help for a meaningful material development of the needy in the developing countries. Under "My solutions – which is your way?" – Detail version and there under point 1. "The Human beings – purpose" it has been suggested that you, as a human being, irrespective where you live on the earth, do not require to wait till the politics, world economic system, religions and behaviour of other human beings change. You can for example read how as a person with average earnings, by spending only 40 US\$ /month from your surplus, you can help a poor child in a developing country to become a healthy member of the humanity. Please read further how you as persons with above average earnings, rich human beings having millions, billions or as politicians or corporate executives can effectively contribute against the above written unfairly divided total added value among the developed nations and developing or emerging economy countries and reduce the poverty and miserable conditions in Africa, South America and Asia. According to my findings when you with all your best possibilities go on this path, you will experience a real joy of life which you have not witnessed yet.

Following suggestions are made for the religions, politics and the world economic system

All religions are asked to create together a global code of behaviour for the material and immaterial development of humanity.

A world political organisation – World Government, has to be installed. The responsibility of the World Government will be to create and implement a purposeful system of material and immaterial development of all people on earth in close coordination with governments of all member countries on the principles of a federal system.

It has been suggested to restructure today's world economic system with an economic system that serves the needs of all human beings. This world economic system is based on following thoughts: Human beings do not act for their own benefit and interest; Through help for self-help the developed countries like the USA, the European countries etc. will make sure that as far as the developing countries find sensible and necessary for themselves, they get industrialised; After that every country / group of countries will produce, as far as possible and sensible, for own demand; The raw materials will be divided per person on the earth; The worldwide created knowledge, irrespective of where a piece of knowledge is created, will be passed on immediately to other human beings on earth; The competition between the human beings / countries / groups of countries / continents is regulated differently – every human being works hard, gives his best and experiences this positive aspect of competition.

Benefits

What benefits can be expected? The exploitation of others and wars in the world will cease. Jobs do not wander from one country/continent to others for cheaper production costs but remain in the country/continent

itself. There will be hardly any unemployment. All over there will be human beings who together share the work for the further development of all human beings and other forms of existence on earth.

Globalisation/Neo-colonialism

1. Globalisation

Globalisation (this word exists since the 20th century. Before that other words were used to describe this process) is a process of coming together through the merger or integration of many single independent existing units (e.g. individuals, societies, institutions, countries integrating in the field of economics, politics, culture, environment etc.). Is this process a new phenomenon? When did it beginn:

- In eternity?
- At the time of formation of our universe?
- At the time of formation of bacteria on earth?
- At the time of formation of human beings on earth?
- At the time of emergence of Afro/Asian cultures?
- At the time of invasion of Persia/India about 350 B.C. by Alexander the great?
- At the time of invasion of Ukraine/Afghanistan/India by Genghis Khan of Mongolia in the 13th century?
- In the 15th century A.D., when the Europeans began to increase their influence in the world and Vasco Da Gama landed in 1498 at Malabar coast in India – at that time already an international business centre for textiles, spices etc.
- With the end of the world war II?
- With the end of the Soviet Union?

Immaterial of the phase in which the process of coming together started, it would be interesting to know how mankind shaped globalisation and what it has achieved.

Let us confine our reflections and analysis to the development of humanity

mostly from the 15th. Century onwards. Please read below how the development of human beings in China / India and other countries was set back by centuries under the prevailing form of globalisation and world economic system and how today it is also effecting adversely the development of human beings in the developed countries.

1.1 The material and immaterial development of human beings in different countries/continents before the 15th century

Let us not spent too much time on human development from times immemorial, reducing it to the basics to understand the background of the present world situation.

Feudalism was widespread in Europe and rest of the world in mediaeval times. There were well-defined Feudal Structures with hierarchies of social levels. The various levels were: Farm labourer; Normal citizen; Master; Lord; Sovereign; King; Emperor etc. Labourer were put under Masters and they were their owner and so forth; the ultimate order giver was the king or the emperor, who were supposed to be directly under God as His special servants.

Of course, such social structures did not originate in medieval times, but perhaps date back to the very emergence of human societies world-wide. Violence, unfairness, exploitation and wars have been the lot of humanity since we started co-existing. The world over, a few individuals exercised overwhelming power over the others by practicing the negative qualities discussed above, in smaller or in bigger groups, where ever people came for living together.

Conflicts and wars are humanity's common inheritance, be it economic,

territorial and turf wars or Religious crusades etc. The creation of negative values such as violence, unfairness, exploitation.

1.2 The material and immaterial development of human beings in different countries/continents from 15th century A.D. till middle of 20th. Century

Let us take a man who eats lustfully. Now, somehow this person's turns to gluttony, and he begins overeating. Generally speaking, it would be natural for him to become fat, and depending upon circumstances, develop health problems.

And it goes on. This person adds deceit to his other negative qualities, plundering the family budget to enjoy himself, leaving crumbs for the others to survive. If anyone complains, he uses instruments of power to silence them.

With violence, injustice, exploitation and wars etc. such people in the whole world have shaped the form of co-existence of human beings. Since we live in Europe, let us increase the number of such individuals in a few European countries and see what has happened.

From 15th century A.D. onwards traders and business people mainly, from Portugal, Spain, France, Great Britain (later also Germany), had started travelling by See to other continents of the world. As the following details show, these human beings and later the other responsible people from the governments mostly practiced the above written negative qualities. Besides that the potentates at that time have made use of imperialism, colonialism, slavery etc. What are the results?

Americas

At that time there was neither north nor south Amerika. Available data shows that ca. 1500 A.D. the population of what we know today as North America was about 10 million people, and of South America about 15 million. The people of those ancient communities were most probably of Asian origin and had already mastered agriculture and animal husbandry. There were nomads among them, and also settled communities with highly developed cultures. Later the Spanish gave them the name Indians. By end of 15th century A.D. the potentates from Portugal, France, Spain and UK started destroying these human beings.

Due to their considerable superiority of weapons, the invaders from the Europe decimated entire Races. About 80-90% of the population was wiped out through a systematic pattern of: violence, exploitation, betray, deliberate spreading of diseases (such as Malaria, typhoid, diphtheria etc.); creation of conflicts between the natives; arming the natives and deliberately fomenting conflicts between them so that they were warring with one another etc.

Australia

Australia had approximately 0,5 to 1 million natives – the so-called Aborigines – when the explorers from England arrived. Colonisation followed from the 18th century onwards, and the native population suffered the same fate as their brethren in the Americas: being decimated to the point of extinction.

China/India

Following Vasco Da Gama's landing in Malabar on the shores of India in 1498, various European countries established Trading companies to do business with India.

In beginning of 17th century, the rising tide of British interest in India saw the establishment of the "East India Company" for trading with India. Employing strategies similar to those described above, and after wars with France and natives, the British were successful in establishing themselves as colonial masters and in 1857 took complete control over India.

The Chinese were resistant and installed deliberate trade barriers for foreigners. This changed after the colonisation of India. With a trade triangle between UK, China and India, opium from India was exported to China ostensibly to stabilise the trade balance, though some reports suggest it was to make the Chinese addicted to this drug. The Chinese government's action against their own people, and their negotiations with UK rather aggravated the opium consumption.

Opium consumption in China rose dramatically during 1821-1837, Ultimately leading to first Opium War between china and Great Britain. The Chinese lost the war, and it resulted in the opening of many foreign trade ports in China forcing unconstrained trade and handing over of Hong-Kong to Great Britain. This marked the beginning of decline of China.

Africa

In the 14th century, Portuguese traders and business people succeeded in breaking the Arab gold trade monopoly in West Africa and brought back home Ivory, Gold and African slaves.

After discovering America, the trading companies from Portugal, Holland, France and Great Britain had established a so called triangle of trade between Europe, America and Africa. This multiplied profits had brought enormous wealth to these countries. They used the proceeds from sales of weapons and schnapps brought from Europe to buy very cheap slaves. These were sold against gold and silver in the Canaries and other parts of Americas to the new immigrant planters from Europe, who grew tropical agricultural products like cotton, cafe, tobacco etc. on their plantations.

The cultivation, especially of sugar, was very labour-intensive, which meant a heavy demand for African slaves. Later on the slaves were exchanged against agro-products such as cotton as cheap raw material for the textile industry in England.

As the demand increased the "Slaves-hunting" was extended into the interior of the continent. These human beings were brought then to the ports for shipping. To avoid escapes on the way, the traders cuffed the right arm of slaves with an iron cramp to a heavy log of wood which the helpless slaves had to carry. Blistering iron rods were used to burn the "Brand" of the trading company on every slave's chest before shipping. When they boarded the ships, these human beings were chained together and stocked at close quarters.

Practically the entire continent of Africa was under the sway of European slavers until the end of the 19th century. Estimates put the figure of Africans lost in wars and during the pernicious trade to the Americas in human misery to around 50 million. It was only after the end of World War II that the decolonisation of Africa began.

Europe

As you have read above the European history is full of colonisation, wars and exploitation of other countries on the earth as well as wars in Europe. On the other hand, we know that the situation of European countries changed for the better after the Second World War.

1.3 Neo-colonialism from World War 2. till 2008

In times of colonialism the European countries exploited today's developing countries and emerging market countries directly through occupation of land. After the end of colonialism, about middle of twentieth century this direct exploitation was replaced through neo-colonialism – an indirect exploitation. The mechanisms of neo-colonialism, as during colonialism are military, political, cultural, technological, financial and economic dependencies.

The potentates in the politics, and corporations in US and Europe use the instruments of prevailing form of the world economic system to control the raw materials, finances and economy of the developing countries and emerging market countries and exploit them.

Fair Trade, development aid etc., are " Fassades " of the business corporations and politics of the developed countries. Between " fair-Trade " business and normal business with the developing countries there is hardly any difference. Through " fair-Trade " , development aid etc., the developing countries get back a fraction of the above written exploitation.

We the normal human beings can watch what is going to happen to produce more misery and poverty on the earth. But I mean, our coming generations are going to question why we the today's human beings of the developed world have not protested non-violently against this.

1.4 The material and immaterial development of human beings in different countries/continents today

Situation of Indians/Afro Americans in North America and Aborigines in Australia

Today's Population in USA is roughly composed of about: 72% of European origin; 13% African-Americans, descendants of slaves from Africa; 9% of Latin American origin; 3% of Asian origin and the original inhabitants of the land, the native Indians, make up the remaining about 3%.

In Australia approximately 75% of population is made up of the offspring of immigrants from England and Ireland, 24% are descendants of other Europeans and Asians etc. with only approx. 1% being the original inhabitants, the Aborigines.

The original inhabitants of these lands, the native Indians of USA/Canada and the Aborigines of Australia, still live mostly in old reservations once created for them in regions far away from civilisation; a few have migrated to the nearby cities. These human beings are marginalized in their own country, with little or no recognition. Most of them live lives of poverty, with characteristics of the very poor: Jobless, violent, alcohol/drugs addicted, shorter lifespan due to diseases and poor medical services.

Although the law gives equal rights to African-Americans in the USA and Canada, the reality is that they still live predominantly as second class citizens. Mostly they live in poor segregated areas of the city -the ghettos- and remain prey to the characteristics of poverty/backwardness as described above.

Middle America/South America

Today Brazil is definitely an emerging market country. In certain publications Mexico and Argentina are also considered as emerging market countries. Rest of countries are reckoned today as developing countries. Why is it so?

The revolutions carried out in the 19th. and 20th. century in then colonies were not successful. The formation of independent countries was carried out on the basis of authoritative structures in Spain and Portugal after World War II. In some countries prevails today corruption, drugs trade and financial crises etc.

China/India

Both the countries were benefited due to the changed world politics and economic situation in Europe and USA after World War two. Both the countries have adopted different ways. After the civil war in 1949, under the given circumstances, China o adopted communism. India got its freedom from Great Britain in 1947 with non-violence and adopted democratic systems.

Both the countries have big Problems of poverty and backlog in development, India much more than china. How both the countries manage to survive under today's Globalisation/World Economic System only time will show.

Firstly, will both the countries be in a position, with new systems of development, to find ways to remove the poverty and backlog in development of most of their citizens? And, secondly, play their part in adapting new models of development to free humanity from today's vicious circle of violence and unbalanced development?

Africa

It does not need any explanations and details to know the present level of development of majority of the people in this continent. TV shows us enough of the present situation of wars, violence, poverty, diseases, corruption and the desperate situation of the most of the children etc. Why is this so? If you want to know the deep background of these developments, please see "World Economic System".

Europe/North America/Australia

People in Europe, USA/Canada and Australia had a tremendous materiel development during last 500 years. Due to positive developments in agriculture, general technology, Information technology, medicine etc. it has become possible for most of the people to live in dignity and have a long life. This is a great material development for us.

To get rid of feudal ruling structures and replace them with democratic systems in Europe was an epic struggle for the development for the whole world.

We, the general public in the west, now have two possibilities. Possibility one is not to remain a non-active "fellow-runner" any more and become a "fellow-shaper".

Or the second possibility is to remain a "fellow-runner" towards a negative development of humanity as described in the following pages.

Afghanistan war

The war with Afghanistan in 2001 is not the first but the fifth between the western world and Afghanistan. Afghanistan has been a point of conflict in world politics since the 19th century..

During 1838-1842 and 1878-1881 the British armies stationed in India broke into Afghanistan. It ended with the peace treaty whereby the Afghan foreign affairs was handed over to UK. After the 3rd war between UK and Afghanistan in 1919, it attained its full freedom once again.

The fourth time was in 1978, when Afghanistan became a point of conflict between Russia and the western powers, USA/UK, with a communist Government coming into power. From the beginning of 1978 till the end of 1979 civil war prevailed in Afghanistan. From 1979-1989 Russian troops were in Afghanistan. After the Russian troops left, Afghanistan again fell prey to civil war.

During the civil war the radical Taliban which operated from the soil of Pakistan gained political strength, bringing about 75% of the country under its control, eventually establishing an Islamic dictatorship in Afghanistan in1997. Financially and materially the Taliban was supported by Pakistan. The depth of extent of involvement of the potentates in USA and UK will one day be revealed by history.

And then came the 5th Afghanistan war of 2001. Investigations and interrogations revealed that the terror attack 11 September 2001 on the World Trade Centre in New York and the Pentagon in Washington, DC was planned and executed by terrorist group "Al-Queda" (tolerated and supported by Taliban). As a consequence to this, the USA and other allies launched a massive attack on Afghanistan on 7 October 2001. Is the common man in Afghanistan today better of than before the war?

Iraq war

The US-led war (supported by UK, Poland etc.) against Iraq in 2003 was not the first invasion of this area, but practically a repetition of the conflict which took place about 90 years ago.

Ninety years back the area of today's Iraq and Turkey belonged to the Ottoman Empire (1299-1920). The Ottoman's had a long history of conflicts with Russia and West European countries. Let us restrict ourselves here only to a few highlights from World War I onwards, and the war of 2003.

1917-1920
In 1917 British troops invaded and occupied Baghdad. In 1920 they also occupied Mosul and Basra and gave this area the name "Iraq". The League of Nations gave authorisation over this area to Great Britain.

1921
Foundation of monarchy in Iraq by Great Britain with King Faisal as the ruler.

1929
Foundation of Iraq Petroleum Company (IPC) through western oil companies. The owners were:
- BP + Total +Shell: Approx. 70%
- ESSO + Mobil: Approx. 25%
- Oil Trader Gulbenkian: 5% (Agent of Britain)

1932
Abolition of Authorization of Great Britain over Iraq

1941
Unsuccessful insurgency of the people of Iraq against the roll of Great Britain in their country.

1958
Military coup; Assassination of the King Faisal II; Proclamation of Iraq as a Republic.

1964-1968
Numerous coup trials; Formation of the civil Nationalistic non-democratic Baath Party; Take-over of Iraq by this party.

1972
Oil excavation through government owned "National oil company" (established with money borrowed from Russia).

1979
Sadam Hussain becomes President of Iraq.

1980-1988
War between Iraq and Iran.

1990
Invasion of Kuwait by Iraq.

1991
End of war between Iraq and Kuwait through military action led by USA and allies.

2003
In 2003 the military forces consisting mainly of USA and UK invaded

Iraq calling it a preventive war. According to UN Charter, the military invasion of a country for self-defence has to be legitimated by the UN Security Council. Here this was not the case.

Accordingly, the critics and lawyers say that this invasion was an aggression.

The US/UK/ and allied military forces had a strong army and highly developed weapons. It was no problem to overwhelm Iraq.

What are the results of Afghanistan and Iraq wars up till now?

More than one million civilians have been killed

Thousands of soldiers have lost their lives

Cost of Iraq war, only for the US, amounts in Billion US $.

1.5 Neo-Colonialism after the financial crisis 2008

After the financial crisis in the western world in 2008 the velocity and the intensity of neo-colonialism has escalated and has been supplemented with other actions. As far as I understand the responsible potentates in politics and corporations take following actions: spread negative propaganda about the weaknesses of the sighted land, deliberately create frictions in the natives or misuse the existing conflicts for own interests, support the insurgents with money, help and weapons. In case all this does not help, then invade the country. Wars since 2009 in North African countries as Tunisia, Algeria, Libya, Egypt etc. and the invasion of Mali and Central African Republic through French forces without a sanction of the United Nations Security Council proves this assumption. In 2015 French Forces had marched in Syria to fight against IS (In 2001 USA had marched in Afghanistan and created there IS in form of Mujahidin to fight against Russia).

I mean in the background plays "DESERTEC Project" also a role. This is a European project for producing electricity with help of renewable energies as wind and solar energy etc. in the areas starting from Europe including North Africa till beyond India. As it looks till now, the project is planned to

be realised not for a proper gain of all the involved countries but through the indirect exploitation of other countries. There is a similarity to observe in the invasion of today's Iraq area through the British troops in 1917-1920.

How is the situation in year 2020. There is war in Lebanon, Syria, Hong Kong Riots, conflicts between USA and Iran and so on and so on.

What are the in depth reasons for doing up till today such devastating actions during the last five hundred years? To learn about that please see "World economic system".

World Economic System

There is a long tradition of Trade between countries and continents. Long back, the people of Indus civilization (2600-1900 B.C.) and the Sumerian civilization and later Assyrian civilisation (2000-1600 B.C.) are known to have had trade relations. The world renowned "Silk Route", from the Mediterranean to East Asia (through Egypt, Persia, India, China), was used to transport spices, silk, glassware, chinaware, gold and gemstones for trade.

Adam Smith – Wealth of Nations

The fundamentals of our modern world economic system originated in the 18th century A.D. These were published by Adam Smith in 6 volumes of "The Wealth of nations". With a few alterations this seminal work has established itself as Today's free world economic system. In the last about 250 years a lot of literature has been produced about this system; I would not like to go into details, but let me consider only 3 postulates of this system.

Adam Smith writes:

1. In a free economy everybody should act in his own interest and benefit. This approach will boost the economic wellbeing of all other human beings. The maximum economic development of the individual will assure a maximum economic development of other human beings. This will be made possible by the so-called "Invisible Hand". The general feeling of sympathy between individuals brings this "Invisible Hand" into operation.

2. In "The Wealth of Nations" Adam Smith encourages every county to

trade in a free world economic system, enter into a contest and compete with one another. To bring the highest economic development of humanity, he proposes that each country specialises itself in certain products and the rest of the needs should be fulfilled through trade.

3. Adam Smith writes: In the natural process of development each developing country will first of all invest in agriculture, later in business and last of all in international trade.

As an example let us observe the above written World Economic System based on the development of Trade between UK and India during the period from the 17th to the 20th century. Let us go through the main events one by one.

1. Till the 17th century A.D. India was one of the leading world supplier of textiles, and various sorts of spices etc. In the 17th century China and India were the leading global economic nations. At that time the percentage of world trade of China + India was about 45%, approximately as much as USA + Europe today. Products with great demand in Europe, like fine silk, cotton textiles, chinaware, spices etc., were produced in simple factories and exported.

2. The basic principles of world economy "The wealth of Nations" was published in 1776.

3. As described above, the British waged war with the Portuguese and French in India in the 18th and 19th century. The "East India Company" equipped with their own army established themselves from 1757 – 1857 as colonial masters of all of India. After that India was put under the British throne.

4. About 1700-1760 the total volume of raw cotton imported by the British textile industry was 1-2 million British Pounds/year, from 1780

it increased to 8 million Pounds/year and then in 1780-1820 jumped to 33 million British Pounds/year. Reason: Great Britain brought knowledge of textiles production from India, developed it further and instead of India, Great Britain started to produce for the world. Due to this people in India became jobless. The agriculture community of Great Britain and later Europe/USA moved towards an industrial community.

With violence, wars and imperialism, what economic goals did the interested Potentates of Great Britain achieve?

The following table shows the percentage share of India in world trade. Between 1700 and 1820 India lost about 7%. Till 1947 India was ruled by British and fell back to be a developing country. Its World trade share reduced from 22,6% in 1700 to 3,8% in 1952.

	1700	1820	1890	1952
CHINA	23,1	32,4	13,2	5,2
INDIA	22,6	15,7	11,0	3,8
JAPAN	4,5	3,0	2,5	3,4
EUROPE	23,3	26,6	40,3	29,7
USA	0,0	1,8	13,8	28,4
RUSSIA	3,2	4,8	6,3	8,7

The table above shows that China had similar setbacks in world trade as India. Is it possible that it was due to opium addiction? And who brought opium to them? Were they not the same potentates from Great Britain as mentioned earlier?

Were not the above actions under point 1 postulate of Adam Smith – that "In a free economy everybody should act in his own interest and benefit". Supplemented with violence, unfairness and exploitation fully implemented?

Reality shows that the development of today's 2,5 billion people, that means 40% of humanity, was set back by centuries.

What happened further to our world economic system?

World War Two brought big economic problems due to lot of Expenditure on war. The western alliance that won the war made decisions at Breton Wood that affected the world. The new institutions, International Monetary Fund, World Bank and GATT (General Agreement on Tariffs and Trade) were installed and application of free economy system was resolved.

After end of Soviet Union in 1995, WTO – World Trade Organisation – Consisting of GATT, GATS (The General Agreement on Trade and Services) and TRIPS (Trade Related Aspects of Intellectual Property) were launched. Irrespective of the situation of developing countries, the agreements regarding deregulation of markets for movement of goods, services and capital movements across the national boundaries were ensured.

The main players in today's globalisation and world economic system are the above mentioned international institutions, the governments of Western countries (or group of countries) and Multinational companies (MNCs).

International Institutions

After execution of economic development of European countries, the IWF, World Bank and GATT (later WTO) were assigned by the developed countries to do the same job for the economic development of developing countries.

As is now realised, not much has been achieved. The results show that the liberalisation of the worldwide markets has in reality not achieved

much for the development of developing countries but has benefited the developed countries more, to the disadvantage of developing countries.

Governments/Medium Business community/Multinational Companies (MNCs)

Partnering with the medium business community and MNCs, today every country strives to create frameworks for creating as many jobs as possible. Due to the worldwide competition the main interest of the economy is, however, to achieve high profit and highest possible return on the investment.

Today the GDP, innovation strength, technological development and power of weapons is the dimension of the might of a country or a group of countries. This power is being used to push through one's Economic interests in the world.

Today the top 500 MNCs control about 50% of world GDP.

Today the medium business community/MNCs not only produce where the consumers are situated but mainly in countries where low wages, capital safety, and other factors exist with which maximum profits are ensured.

Simple products such as readymade garments or shoes etc., or labour intensive components of industrial products (but as far as possible not the technologically sensitive products) are manufactured in emerging markets. This may be only for a certain period of time. Competition and profit margins etc. are the deciding parameters to shift production in another land where better general conditions are currently available. Research and Development remain in the developed countries.

What happens to the working people worldwide under this frame work of world economy? Depending upon the sphere of activity and industry,

the number of economically hard hit people in the world is on the increase. This is not only in emerging countries, due to inhuman working conditions and meagre wages, but also in the developed countries due to unemployment.

Please see few more examples given below illustrating how our world economic system functions today.

1.   Fisheries Agreements EU/West Africa

Every year increasing numbers of young people from West coast of Africa try, mostly in unsafe boats, to reach European shores. This walk on the wild side was practiced by about 2000 people in the year 2000, in 2005 it had already more than doubled to 5000 and in 2007 it increased to more than 30,000. In 2008 the number of people landed alive just on Italian coasts was around 30,000 people. Due to the use of inefficient and unseaworthy boots, no one knows today exactly how many more lost their life on the ocean. The figures move in thousands. But why do they take such desprate risks?

For decades EU has been making Fishing Rights Agreements with West African countries like Senegal, Mauritania, Guinea Bissau etc., which allow EU countries the rights of fishing on the west coast of Africa. According to such an agreement (duration 01.08.2006 – 31.07.2012) EU pays Mauritania 108 million US$/Year.

EU licenses these fishing rights to big European shipping companies from Spain, Portugal, France, UK, Germany etc. for fishing calamari, crustaceans, bass etc. and bring the fish to European coasts for selling. These shipping companies pay a small licence charge to Mauritania. Brussels subsidises these shipping companies for the equipment of the huge fishing ships, the Trawlers.

Until recently, the inhabitants of the West-cost of Africa earned their living through fishing. Since these big EU-Trawler ships fish there now, most of these fishermen have become jobless. Reasons:

Firstly, their fishing boats can't compete with the joint trawlers of EU fishing fleet; secondly the coasts have been fished out. a result of narrow-mesh nets used by the commercial fishing fleets, which indiscriminately kill the grown and the young, the useful and the unwanted fish.

Now imagine the state of fisher families, who have now have to contend with food shortage, illness and other problems. What will young members of these families do? They search out others in similar situations and embark on the high seas, in the hope of finding a better life in Europe or die in the attempt.

According to European records, the value of the fish caught by their fleets from the coasts of Mauritania is about 2.2 billion US$/year. That is, 20 times the amount, of 108 million US$, paid to Mauritania annually.

In other words from this total added value about 95% remains in European countries and 5% in Mauritania.

2. Hand embroidered Lady's Silk Evening Dress from India

The import value in Europe of a lady's evening dress, hand embroidered in India with sequins and beads is 45 US$. The Wholesaler sells it to the Retailer for 90 US$ and the retailer sells it to the end consumer for 225 US$. That means from the total added value for the raw material and manufacturing of silk, the manufacturing of the dress and air transport, the Indian economy gets 45 US$ and for selling it the European economy gets 180 US$.

In other words from the total added value, about 80% goes to the European economy and 20% to the Indian economy. From this 45 US$ the workers and artisans who manufacture the silk and embroider and stitch the evening dress in India get a small fraction. The money they earn is not enough to provide full meals or get their children educated.

3. Relocating Production of sports shoes to emerging economy markets

American and European companies were involved in a hard competition. Most of these companies have kept R&D, Marketing & Sales and administration departments at home, relocating the production to countries with cheap wages. The business details are as below:

A pair of sport shoes for which you pay 145 US$ in a shop and which have been produced in China, India or Brazil have generally the following cost structure:

Material	US$ 11.60
Wages	US$ 0.58
Production overheads	US$ 2.32
Producer`s margin	US$ 2.90
Logistic costs	US$ 7.25
Earning in Emerging Market	US$ 24.65
Advertising costs	US$ 13.25
R&D costs	US$ 14.50
Importer`s margin	US$ 20.30
Retailers margin	US$ 72.50
Earning in developed country	US$ 120.35

In other words, from the amount generated in the deal 17% remains in the Emerging market economy and 83% in the economy of the developed countries.

Do you think with these wages earned (US$ 0.58 from a sales price of US$ 145) it is possible for the workers to take care of the food, medical and educational needs of their families?

And what happened to most of the workers who used to produce these sport shoes in USA, Germany or any other developed country? The surplus personnel were laid-off. What hardships did these individuals and their families undergo during the jobless period?

4. Production and Export Subsidies for Agricultural Products in USA/Europe

The Governments of developed countries (USA/Europe etc.) have in the last years paid an amount of yearly approximately 500 Billion US$ as Production and Export subsidies to their agriculturists. Through this the agricultural sector in USA, France, UK, Germany, Italy, Holland etc. could export their agricultural products to the world, including to Africa. The results:

The prices of such exported agricultural products to the African countries are very low. The farmers there cannot compete with these prices with their own production with their hacks and ploughs. This way they get jobless and have livelihood distress.

Until a few years back Egypt was fully self-sufficient with its production of grains and other agricultural produce. Then the country was inundated with subsidised products exported from USA at dumping prices. For the domestic agriculturists it was no more-longer cost-efficient to produce grain products. By and by the agricultural land was converted to the production of competitive fodder products and cattle raising, while food grains were imported. We know that for the production of I Kg meat one requires 10 Kg fodder. Now with the present worldwide shortage of

foodstuffs Egypt has to face big problems. According to media reports, people in Egypt had to stand in queues und even resort to violence to snatch a loaf of bread.

For the last several years, negotiations between the authorities of the developing countries and industrial nations USA, EU etc. are being held under the WTO for abolition of export subsidies on agricultural products. There has been no success up till now because of resistance of industrial nations.

G8 has been similarly unsuccessful in finding a solution.

One can clearly see here that the above mentioned postulates of Adam Smith have been fully implemented.

What are the results?

I mean, the time is ripe (under the consideration of laws applicable for us in Europe, our principles and our ethic/moral values) to seriously take actions to remove miseries of hunger in the world. (Please read "My solutions – which is your way").

The table below shows the present economic and illiteracy situation in USA, Canada, Australia, few European countries, Middle/South America, Asia and Africa

No.	Country (continent)	Approx. Population	Approx. GDP ($) per capita PPP	Approx. Illiteracy (%) (Population above 14 years)
	USA	298.500.00	45.000	1
	CANADA	33.000.00	36.000	1
	AUSTRALIA	20.000.00	34.000	1
	EUROPE	680.000.00		
1.	Norway	4.611.00	45.000	0,1
2.	Austria	8.193.00	34.000	1
3.	Switzerland	7.524.00	33.000	0,5
4.	Germany	82.422.00	32.000	0,7
5.	Sweden	9.917.00	31.000	0,1
6.	Great Britain	60.609.00	31.000	1
7.	France	60.876.00	31.000	1
8.	Italy	58.134.00	30.000	1
9.	Spain	40.398.00	27.000	2
10.	Portugal	10.606.00	20.000	6
11.	Estonia	1.324.00	20.000	0
12.	Russia	142.894.00	12.000	0,5
13.	Ukraine	46.711.00	8.000	0,4
14.	Serbia	10.868.00	4.500	0
15.	Georgia	4.662.00	3.700	4
	MIDDLE/SOUTH AMERICA	493.000.00		
1.	Argentina	39.922.00	14.000	3
2.	Chile	16.134.00	13.000	3
3.	Mexico	107.450.00	10.000	7
4.	Brazil	188.078.00	9.000	12
5.	Columbia	43.593.00	8.300	6
6.	Dominican Republic	9.184.00	7.400	14
7.	Venezuela	25.731.00	6.300	6
8.	Peru	28.303.00	6.100	12
9.	Guatemala	12.294.00	5.000	25
10.	Ecuador	13.548.00	4.500	7
11.	Cuba	11.383.00	4.000	3
12.	Bolivia	8.989.00	3.000	11
13.	Nicaragua	5.570.00	3.000	30
14.	Honduras	7.327.00	3.000	22
15.	Haiti	8.309.00	2.000	45
	ASIA	3.800.000.00		
1.	United Arab Emirates	2.603.00	51.000	22
2.	Japan	127.000.00	35.000	0,3
3.	Republic Korea	48.847.00	21.000	2
4.	Malaysia	24.386.00	13.000	11
5.	Thailand	64.632.00	9.000	7
6.	China	1.314.000.00	7.000	9
7.	Philippian	89.469.00	5.200	7
8.	Sri Lanka	20.222.00	4.400	7
9.	India	1.095.000.00	3.600	39
10.	Vietnam	84.403.00	2.900	9
11.	Pakistan	165.804.00	2.600	51
12.	Bangladesh	147.365.00	2.200	55
13.	Cambodia	13.882.00	1.900	25
14.	Myanmar (Burma)	45.383.00	1.800	14
15.	Afghanistan	31.057.00	750	56
	AFRICA	924.000.00		
1.	South Africa	44.188.00	13.000	29
2.	Algeria	32.930.00	7.800	27
3.	Marocco	33.241.00	4.200	48
4.	Egypt	78.887.00	4.000	39
5.	Ghana	22.410.00	2.600	22
6.	Uganda	28.196.00	1.900	29
7.	Senegal	11.987.00	1.800	58
8.	Ivory Coast	17.655.00	1.700	45
9.	Nigeria	131.860.00	1.600	30
10.	Mozambique	19.687.00	1.500	50
11.	Kenya	34.708.00	1.200	15
12.	Madagascar	18.596.00	990	30
13.	Ethiopia	74.778.00	900	53
14.	Sierra Leone	6.000.00	900	70
15.	Tanzania	37.445.00	800	20

A few more details:

- Statistics issued by UNCTAD, united Nations Conference on Trade and Development, handbook statistics, show that the world's GDP in 2005 rose to 70 trillion US$. On other hand it is also known that worldwide approx. 50% of this amount is being spent yearly for military and armaments, security, drugs, violence and criminality, unemployment, corruption, health damage, environmental damage etc.
- Today's financial market crisis reveals that the world total credit risk amounts to about 65,000 Billion US$. Where this will end, no body at present knows.
- Today 94% of the money circulating daily in the world financial markets is not for the exchange of goods and services. Above 30,000 Billion US$ change hands over and over again for speculative reasons to earn higher yields.
- About 75% of world trade is accomplished by 15% of the world population of developed countries. In contrast 40% of the world population living in the poorest countries have a share in world trade below 3%.

Purpose of economy is to develop products which serve humanity and create new jobs. To fulfil this aim, the companies require money. Originally this was the purpose of creating the stock exchanges. 96% of the sales on the world stock exchanges are today speculations. Only 4% of the money exchanged there creates new jobs.

5. Dangers in this development

As we can see, world-wide there is small group of economic winners with unknown income and assets. The difference between rich and poor is increasing tremendously with all the inherent dangers, which we know from world history. Few Highlights:

- Definitely most people in the Industrial world and a small percentage in the new emerging countries are economically, educationally, and health wise better off.
- The relocation of production from USA and West Europe to low wage countries in East Europe, China, India etc. is underway. This means unemployment, social insecurity, increasing disparity between the rich and others in the Industrial nations. In the low wage countries, unfair low wages are being paid. Result: probably worldwide Social unrest, increased backlash and polarisation of society into political right/left groups.
- In 1970 a manager in USA used to earn about 26 times as much as an industrial worker. In 1999 it was 475 times more.
- In Germany if a sales woman in a bakery earns 26,000 US$/year today, a managing director of a big bank makes about 19 million US$/year which means 720 times more.
- A woman in India working on a construction site working about 12 hours a day, a child under the arm and a basket full of stones on her head, earns 24,000 Indian Rupees/year i.e. 1,600 US$/year (purchasing power parity).
- About 10 million children per year die in the world today before they reach an age of 5 years.
- Wars take place, mainly due to economic reasons, in which thousands lose their lives. Violence has taken on totally different dimensions – form of terrorism that believes in killing the self to kill others.

I request you to read the three postulates of Adam Smith once again. The potentates have literally put into practice the postulates that Adam Smith had declared as economic rules which are till today legally anchored in our world economic system.

As mentioned earlier about Great Britain and India in the 19th century, the potentates of that time acted fully according to postulate 1 of Adam

Smith regarding self-interest and maximum possible self-benefits. And what were the results? Do you remember what you read?

Today we can see how the world-wide the finance and economic crisis developed through practicing postulate 1 of Adam Smith.

Where is the general sympathy between human beings which should have made the "Invisible hand" function?

Postulate 2 has functioned fully in the world. Knowledge has been produced in developed countries, retained there and as far as possible used for self-advantage. Later, the other countries got on the path of development and acquired the knowledge to produce low technology products. Jobs in the developed countries got lost. This is the result of "getting in competition with one another"

Apart from that has "Specialisation" functioned? As we know in Egypt and elsewhere in the world people had used violence against one another for a piece of bread, because Egypt specialised itself in meat products and other countries in other products.

Postulate 3 (In the natural process of development each developing country will first of all invest in agriculture....) has not functioned in Africa. The African countries get subsidised food products from the developed countries, so that it is not cost-efficient to grow their own.

Now different people will say that exploitation, conflicts among human beings as well as wars among countries have always been there: these people are right. Others will claim that riches and poverty have always existed: these people are also right.

During the time of feudalism in the whole world there was the farm labourer; normal citizen; master; lord; sovereign; king; emperor. A minority

of lords; sovereign etc. were rich but the rest of humanity on earth was uniformly poor.

History shows also that the human beings at some point revolted against this situation. As we know there were revolutions and many conflicts on this account. History shows also that at such times the wrath of the people destroyed these firmly established dynasties and kingdoms.

The strategies of people with development in the negative direction can be put as follows:

- Enhance the riches of their own country or group of countries at the cost of other countries
- Make sure that their own weaponry and military are better than that of others
- In case personal geopolitical or economics interests are involved and the other concerned country or countries do not cooperate, then employ various negative methods to destabilise the region and, if necessary, attack, destroy and make them submissive.

The earth today has the capability to provide adequate food, clothing, shelter and other necessities -of – life to human beings. Energy needs can be increasingly met by wind and solar power etc.; even the expected water shortage may be tackled with the technology of desalination of sea water. The normal needs of the human beings can thus be fulfilled, but not their greed.

Today generally the life achievement of a person is measured generally in terms of the money and power one has gained during one's life time. The basic ground of our decisions is mostly money. Naturally, a few have a lot of money and feel they buy the joys of life with that. But how does it fare in the acquisition of real happiness? Have we tried to see what high grade of real joy we can all have by together achieving development in the positive direction?

Although no one wants to face violence, humans have used violence over and over again.

Since today's weapons are highly destructive, do we want to bring the human race to an end? Or do we want to go on the path of freedom, truth, responsibility, comprehension, tolerance, respect, compassion, love and to achieve oneness in this diversity?

In case we human beings equipped with today's knowledge, technology and possibilities of development want to choose the traditional path of wars, violence, exploitation of others, would not nature one day react massively?

Human beings do not exist on earth since long. Scientists can sing for us blues of creatures who vanished from earth because they did not act according to the laws of nature. Humanity may disappear the same way, leaving no trace that it ever trod the surface of this beautiful planet.

We know that the animals have shortage of resources, are afraid of one another, have existential fear and use violence among their own genera as well as against other living beings.

Did perhaps the animal world at that time tolerate our development? Perhaps the aim was to have a creature which will help the animals to come out of this "must aggressive behaviour"? What do these animals think today about the species Homo sapiens, when they see that we kill each other as well as them?

And do those who believe that God created us ever wonder what God must think today about His creation?

Irrespective of what the animal world or our God eventually think about us, I think it makes sense that we should exert ourselves to create a world with dialogue without violence/wars and exploitation of others.

How can a globalisation and a world economic system be conceived that overcomes today's drawbacks? What else should be done? Is any solution possible?

Before we do that, I suggest you read how each form of existence is inter-connected in a complex network to other forms. What is that power that makes every unit of this diversity function? How do we develop quali-ties that help each one of us produce, with every action, material values (money, property, other ownerships etc.) and immaterial values (freedom, truth, love etc.) for oneself and others? How does every individual achieve a unique development in his/her life?

For that please read "Network of all forms of existence", "Unity in all Forms of Existence", "Qualities generating values" and "Global Human Values Development".

Network of all forms of existence-origin of humanity

1. Theory of Natural Sciences – The Forms of Variety

- The Universe
- Some scientists believe in simultaneous existence of many universes. Universes develop and end. Lot has yet to be discovered.
- We have millions of galaxies in our universe
- In our galaxy there exist millions of stars like our sun
- We have our earth
- The earth continents
- The land, sea and air of earth nourish living beings consisting of micro-organism, birds, fish, animals, plants, human beings etc.

2. The Evolution

- Creation of our universe 13.7 billion years ago
- Creation of our solar system 4.6 billion years ago
- Creation of bacteria 3.5 billion years ago
- Creation of continents 2.8 billion years ago
- Creation of oxygen 2.5 billion years ago
- Creation of earth surface and atmosphere 1.5 billion years ago
- Creation of early animals 700 million years ago
- Creation of vegetation 500 million years ago
- Creation of mammals 400 million years ago
- Creation of apes 35 million years ago
- Creation of Homo erectus 2 million years ago
- Creation of homo sapiens 300,000 years ago

3.   What the Natural Sciences say

Natural Sciences have always been curious, inquiring about the basic nature of our Universe and of life. This is what they found in their searches:

- They found cells, atoms, protons, electrons, quarks etc.
- They concluded that all different forms of existence – all forms of matter, stars, galaxies, universe, animals, plants, human beings, – consist of quarks or cells, that is packets of energy.
- They concluded that all this is a result of natural laws governing the interaction between matter and energy.
- Matter/Mass is nothing else than energy compressed in a very narrow space.
- Energy -- Conversion -- Matter: $E = mc^2$.
- Matter is only energy in different forms as fluids, gases etc.

4.   Interdependence and purpose of all forms of existence

Would you Agree:

- That first of all God or nature created space so that the universe, galaxies, stars, planets, could develop themselves.
- It is the basic purpose of life to develop itself and fulfil its purpose as well as to help other forms of existence for their development.
- That all forms of existence have co-operated and supplemented each other to create a different form of higher functional capability.
- That each form of existence is interconnected in a complex network to other forms.
- But have the human beings who for their own benefits are using power, violence, unfair dealings, exploitation of others understood the purpose of their lives?

- The Totality, the Sum of all forms of existence that a human being can apprehend + does not apprehend + cannot apprehend = Diversity = You + Rest, Sum of all rest forms of existence that you can apprehend + you do not apprehend + you cannot apprehend

Is there something that is uniting this diversity?

If you want to know please read "Unity in all Forms of Existence"

Unity in all forms of Existence – an invisible Power

First of all a basic thought: I am a human being and was born on the earth. But how? And how will I die?

Through amalgamation of one egg cell of my mother and a sperm of my father a new cell "Zygote" came into being. These zygotes increased and then my Embryo and foetus were developed. Later my foetus started vibrating. My mother could feel these movements in her uterus. It was said "I have become alive – a creature". But from very beginning my foetus was made of material and energy. What made now my foetus to vibrate?

What will happen, when I die? When I was alive and referred to myself, I used to say: I, my body, personality, individuality, Psyche – ego. I have this, I have that. Now I cannot talk any more, please call for a doctor and get me checked up. Doctor says "I" function no more. "I" am dead.

After my death my body has still the same Materiel and Energy as when I was alive. When "I" consisted of only Material and Energy, why "I" cannot say "I" now. It means that along with Material and Energy there should be something else existing in my body, which in combination with Material and Energy enabled me to say "I".

What was it that which enabled me to be alive. What enabled me to talk, to listen, to smell? What regulates and empowers our brain to coordinate our thoughts, mind, awareness, rationality, intelligence, ego to make a decision.

Brain Research says: our brain has a Cognitive System and this Cognitive System is self-referential.

The question remains open who/how empowers our brain to be self-referential?

Theory of Religions

- Mostly religions believe that this is all God's Creation.
- Some believe that human beings are a part of God and God is their Ancestor.
- Another religion says there is no God. Everything is the result of cause and effect, of interaction between material and energy according to natural laws.
- Another religion believes that there is an ever existent power of God which creates interaction between material, energy and natural laws. It believes that in every form of existence, in every human being, in each cell, in each quark there exists a power of HIM.

We know following for sure:

- After death the human body is generally buried or burnt etc. Even if buried, in time it will be transformed to useful elements.
- Any machine serves till it finally breaks down. After that the scrap goes through the recycling system of nature, it degenerates and transforms itself to useful elements.
- Ants are very busy their entire life fulfilling their purpose assigned by nature; the tree grows, the leaves deliver oxygen, the tree gives fruits; humans live and fulfil their specific purpose; our sun gives light and heat; the universe comes into being and gives space for galaxies and stars.

According to Einstein's doctrine, material is nothing else but energy. But what is energy? As an example let us take the energy which is created by

our sun. The energy of sun is used in the form of electrical current, radial heat etc.

As we know radial heat is very important for our existence. It warms up our planet. Heat is being created in the inner of sun through nuclear fusion.

Research tells us this radial heat would not exist in few billion years, because our sun would not exist in few billion years.

How is it with our universe? Few researchers say that on the axis of time our universe will not exist.

Like a human being who does not function after his death, the sun and the universe will also not function after their collapse and will go back in the Recycling-System of the nature.

We know now that during their lifetime all forms of existence -quarks, electrons, protons, atoms, cells, plants, animals, human beings, planets, galaxies, universe, Energy- start functioning during their formation and after the power of function ends, go into the recycling system of nature.

The question remains open: We know that without action there is no reaction. What/who enables all these forms of existence to this recycling?

Before that one more question has to be clarified: I know that the stem cells of the egg of my mother and stem cells of the sperm of my father consisted of molecules, atoms, protons, electrons and quarks. When every quark of the zygote functioned, why the first zygote did not start vibrating? My answer: This power in the quark was not strong enough to let the zygote vibrate. The power in many zygotes was required to vibrate my foetus.

Now answer to the question, without action there is no reaction: Till Research delivers us conclusive results, I have a suggestion. Out of practical

reasons, for the time being we can call that which brings every existence form to function as "Unity in all Forms of Existence".

What benefits will it bring to us as individuals when we perceive this Unity in all Forms of Existence and when we perceive that God (or whatever we want to call it) is nothing else than the sum of all this invisible Power existing in all human beings – Jews, Christians, Muslims, Hindus etc.; Animals; Plants; Material; Energy; Sun; Galaxies; Universes.

According to me our behaviour will change positively with ourselves, with the family, with our neighbours, in our land, in our world, our behaviour towards human beings of other religions and other forms of Existence, when we begin to see this "Unity in Diversity in all Forms of Existence" in space and time.

What qualities and path of development does our individual awareness require to see this Unity in Diversity and act accordingly?

To learn about that please see "Qualities – Generating Values"; "Human Values Development"; and "My solutions – which is your way?"

Qualities – Generating Values

1. Qualities

We can say now that every Form of Existence in our universe is made out of cells, quarks, energy and an invisible power.

What does each form of existence do? We know that the sun performs a different function from a tree or a human being. It is clear that each form of existence is equipped with its own specific physical form and the power to acquire a spectrum of capabilities during its life time to fulfil a unique purpose in the network of existence.

We know also that all human beings have lot of similarities. But at the same time there are lot of dissimilarities as far as qualities / actions / development are concerned.

The Question is, what totally different goals can each human being achieve with different qualities?

- With which qualities do human beings achieve immense powers und then under certain circumstances use them for negative development for themselves and others?
- Why do different human beings, generation-wise or country-wise remain backward in their development?
- With which qualities are many researchers in a position to bring unimaginable positive results for the development of all humanity? Or, what differentiated the great scientist, Albert Einstein who said "No big discovery and advancement has any value as long as a single child on the earth is unhappy".
- What were the special qualities that gave mother Theresa the strength

to practice so much love to the sick, the needy and the dying in a foreign country?

- With what qualities was Mahatma Gandhi endowed to help a nation of 500 million people at that time to achieve their freedom?

Did these human beings have very different powers and abilities? What are these powers and abilities?

2. Qualities – Generating Values

The development of a human being is ultimately dependent on genes, cultural background, upbringing, environment, personal experiences in life and so on.

There is lot of literature about human development in different stages, from infancy, through childhood and puberty, teenage through adulthood and old age. The nurturing of qualities is a life- long process, developing one's personality as well as social correlation with different forms of existence – other human beings, animals, plants, environment, country, world etc. This also happens in the family, with friends, during education, in contacts with other cultures, in professional life, old age etc.

The results of the pre-birth research show that the development of personality of a child begins in the mother's womb through the incidents taking place inside and outside. The child can already hear, taste etc. and show emotions, according to circumstances; for example: Do the parents have harmonious relations? Is the mother stressed out? Whether the child is desired; and so on. All of these will impact positively or negatively on building of qualities, awareness, the ego and the psychological, intellectual, emotional, physical and spiritual development of the child.

After birth and as a baby a human being has basic needs like hunger, security, curiosity to know the environment and to understand it, need for love, as well as expressions of possessiveness, aggression etc.

With positive responses from the environment, in the form of affection, understanding, tolerance, happiness and love etc., mostly the child will develop positively: Powerful will and character, independence, self-confidence, fertile imagination, open-mindedness, cheerfulness, helpfulness, brightness, foresightedness, sensitivity, generosity etc.

But the human behaviour shows that a negative development is most likely when due to external circumstances a child grows up in poverty, hunger, with negative treatment like rejection, suppression, deprivation, punishment and conveying feelings of weakness, helpless, ignorance, inferiority etc.

The process of development continues through puberty and in the first three decades, basically through the entire lifespan of human beings. We know that in the sum total every human being is different, no two being the same. But one thing is common to all; there are always two paths to development of the self: One positive and the other negative.

Positive qualities

human beings can be free (for oneself and others), active, truthful, fearless, non-violent, sincere, serene, mentally balanced, firm, with absence of greed, inner and outer clean, humane, patient, self-realised, with absence of jealousy, responsible, friendly, self-controlled, self-sacrificing, insightful, tolerant, compassionate, loving etc.

Negative qualities

On the other hand they can be full of anger, greedy, lustful, proud, arrogant, selfish, haughty, untruthful, false, unfair, unfriendly, fearful, practicing self-importance, addicted to money and fame, jealous, wicked, brutal, indolent, ignorant, indiscriminate, amoral, sorrowful etc.

But under given situations what percentage of which quality is used by a person? Normally we speak only of one grade of quality e.g. good/bad; active/lazy; open-minded/secretive; goal oriented/not goal oriented; friendly/unfriendly etc. In practical life every individual adopts a quality (positive or negative) and exercises it in its entire range of intensities – like being more-friendly or more unfriendly. The same applies to all other qualities.

What effect do these qualities have on our development?

3. Implementing the qualities – generating values

For example let us take two individuals, one is usually very friendly, the other one is usually very unfriendly. As a result the first person will probably have more good contacts than the second one. This large number of good contacts is a result of the person's quality of friendliness. The second one, due to his unfriendliness, is less likely to have good contacts. These many or few good contacts have been created due to the different qualities of two individuals. The result is measurable and represents a "value". In other words both the individuals have created a different value due to different qualities.

Or another example: When a positive idea crosses our mind, it produces a value of "harmony". When a negative idea crosses our mind it creates a value of "disharmony".

Positive qualities, e.g. ambitious/hard working/courageous etc. can also be used to produce negative values e.g. exploitation of nature/human beings, use of violence to human beings/other creatures, wars etc.

Sometimes a quality when used in normal doses produces positive value but when used in higher doses produces negative results. For example the quality of 'passion' taken to extremes becomes the negative 'Lust'.

Each form of our diversity exists as a unit, but over a network connected with other units of existence it forms, and is effected by, the values created by the other units. Here an example from our globalised world of today.

Bio-fuels

In the search of alternative fuel energy, scientists recently discovered that Bio-fuels produced from agricultural raw materials (sugar, sunflower oil etc.) could be used for our vehicles. The research results were used in few countries to create bio-fuels without any concern of its possible impact worldwide on the already costly agricultural products, creating disastrous consequences of food shortages for the poor. They knew that 50% of humanity struggles for survival on an income of less than 2 US$/day (purchasing power parity), depending for their survival on corn grains, with milk and vegetables being unaffordable. But of course they did not care. Purchasing power parity means that these human beings living in their countries have to live like a person living in Berlin, London or New York but with an income of only US$ 60 per month.

We now know that in Asia, Africa and South America many poor people are on the verge of starvation due to heavy increases in grain prices, setting the scene for violence as food riots erupt.

Following few details:

- In USA today 20% of the agricultural land is used for Bio-fuels.
- In Brazil less land is used for agricultural products and more for sugarcane required for production of Bio-fuel. Brazil's need for foreign exchange took precedence over the needs of its people or other human beings in the world for food.
- Speculators on stock exchanges worldwide invest in futures/hedge funds / derivates of agricultural raw materials and are interested in increasing prices as much as possible for their profits.

You can see what effect the actions of few people can have on others in the existing network in our globalised world of today.

We can assume that those responsible for this state of affairs know that on the scale of human basic needs, food stands first and driving car is way down in human priority. It is sensible to stop the production of Bio-fuel till other solutions are on the horizon and research develops a Bio-fuel that really reduces carbon dioxide in our environment, and use the agricultural land again for the production of agricultural products. Or do those responsible want to condemn the poor and hungry to death for their own benefits?

The result/value produced by a few with their selfish and greedy action for overwhelming numbers of others is simply: "Death due to hunger".

I hope this example clearly demonstrates how every action produces material and immaterial values for us and others. Nothing gets lost.

This shows that the values produced with certain qualities and specific actions are key factors for the development and purpose of every form of existence, including human beings.

As you have read above the immaterial values produced by a human being are measurable. I mean, it is high time that as in case of material values, the positive and negative immaterial values produced by every human being / country / group of countries / continent should also be evaluated. For that it is necessary to develop evaluation systems through research work.

Would you agree with the Following:

- Be careful about your qualities because they will become the basis of your activities.
- Be careful about your activities because they will produce your material and immaterial values.
- Be careful about your material and immaterial values because they will be the measurement stick of your development,
- Be careful about your development because that will be the total crop of your life (fulfilment of your purpose).

In what stage of development is a human being who is out to ensure personal benefit while indifferent to other's interest, even at the cost of harming, or even destroying others?

In what stage of development is a human being who, under difficult prevailing circumstances, gives up, becomes passive or use violence?

In what stage of development is a human being who is dedicated to help others to stand on their feet?

In what stage of development were Mother Theresa and Mahatma Gandhi?

What material and immaterial values, development and purpose would you like to achieve during your life?

For that please read "Human Values Development" and "My solutions – which is your way?"

Human material and immaterial Values Development

Which development do you want to achieve for yourself?

Every human being creates with each thought, word and action a value for himself and for others who are interconnected in the worldwide social network. From the early emergence of human beings till now we know that the basis of all activities and the produced material values (money, property, other ownerships etc.) and immaterial values (disregard the rights of other human beings or other forms of existence through exploitation, arrogance, egoism, unfairness or on other hand supporting others for their development with help for self-help through Tolerance, Respect, Compassion, Love etc.) is mainly the culture and the prevailing Zeitgeist. With these created values every human being sets for himself a unique development to attain during his lifetime.

We know that the material development of human beings is measurable in money and is worldwide determined as GDP of a country.

In "Qualities – generating values" on hand of a simple example it has been explained how immaterial values created by different qualities are also measurable. Bhutan is one of the poorest countries in our world. Since long an index called "gross happiness product" is being determined. People in Bhutan are very happy. I feel, it is high time as in case of material development, to make the immaterial human development in every country worldwide also measurable.

To fully understand the distinct variable directions of development let us, as examples, illustrate only four directions. Depending upon awareness development, every person practices totally variable, the below written negative as well positive qualities. The resulting form of development is

therefore also totally variable in all combinations from development direction one till development direction four.

When the actions of a human being are based mainly and intensely on practicing negative qualities, written in development direction one and two and less positive qualities, written in development direction three and four, then this human being has chosen the way of development direction one respectively two. On the other hand by practicing mainly and intensively the positive qualities for his actions, he is on his way of development direction three respectively development direction four.

1. Development direction one

From the section "globalisation / world economic system" do you remember of the example of a person who had firstly developed the habit of over-eating and later developed other qualities such as greed and injustice etc. This had led to the frustration and animosity of others.

Let us find the negative results of further negative human qualities/ activities of development direction one.

A person can get addicted to alcohol, tobacco, drugs, gambling etc. What will be the expected short/long term result of such a conduct? Health problems? Economic problems? Problems with other people?

A person can also get addicted to a longing for power and tend to use violence against others.

By practicing still other negative qualities/actions a person can create values, such as:

- Arrogance/pride/overestimation of self

- Anger; roughness; hypocrisy; untruthfulness; aggression
- selfishness; Ignorance about social code of conduct; Ignoring the rights of others; Lack of understanding about the limits of personal and violating the freedom of other human beings and other forms of existence on earth; Attitude of take as much as possible
- Fearfulness; Attitude of drawing boundaries – I, my family, my village, my city, my country, my group of countries; my continent; Classifying other human beings as foes and friends; Use of violence/wars to kill foes
- Excessive attachment to material development – to become rich as quickly as possible – if necessary even at the cost of others, using unfair means
- Deriving zest of life/well-being from the material possessions; Exhibiting material possessions; Worries generating cravings and clinging to material possessions

The present development of human beings shows that this group of people has long produced negative values for others and for themselves.

2. Development direction two

Let us track the life story of thieves, liars, those who resort to violence, murderers etc. How did these vicious habits develop? Is it possible that these individuals experienced injustice from others since childhood and so learnt to go on this path? They could not develop the power to follow a normal way of life, and so were pushed into negative behaviour and habits.

History reveals that a single person, or group of persons, or a small percentage of human beings who have followed development direction one can cause a lot of harm to the development of other human beings, group of people, countries or even a continent.

It is also seen that such a group of human beings have been in a position to install legal systems/institutions/laws etc. for their own benefits, and used these to cause great harms to others.

As we know, every conflict (initiated from one or both the groups) – starting from verbal disputes through the use of violence – creates a winner and a loser for a short or long period.

But the loser is in the negative zone. These human beings always try to come up but under given circumstances fall back again. This situation can remain unchanged for generations (please read "Globalisation/world economic system")

There are also people in development direction one who, in spite of wealth, power and living standard, come to understand the absurdity of their actions. They find no life fulfilment and happiness and fall back in development direction two.

In case people in development direction one or two are fortunate they further develop in themselves already existing qualities of development direction three, and are likely to achieve success in this endeavour to extricate themselves from the morass into which they had fallen.

The prominent features of the development direction two are:

Inertness/listlessness/inactivity; untruthfulness/falsehood; fearfulness; carelessness; stress effects on brain; constrained perception; no clear thoughts; despair; constrained rationality etc.

In such situation the human beings move in the following possible directions:

- They discard their Inertness/listlessness/inactivity and transform themselves in development direction one.
- They become alcoholic; addicted to drugs; addicted to gambling etc.
- They become inactive, fall into a state of Depression, and, under given circumstances can harm themselves or others.
- They become criminals, can do lot of harm to others and become a great burden to others.
- They form groups and fight against human beings of development direction one and try to take revenge. They think that by using violence their situation will become better. Do they really better their situation or in the long term severely damage to their own development?

The reasons why a human being falls in development direction two are immaterial: Whether by their own action, or mistakes of their parents, or because of the environment, culture, ignorance, circumstances and wrongs/injustice done by other human beings etc., it is the duty of every individual not to give in to the circumstances; not to fall in development direction one; to work hard; to get help and do all to stand on one's own feet.

In case these human beings are not successful and the others do not make haste to give them "Help to help themselves" then a vicious circle of development direction one and two comes into existence: Developments to date show that the humanity has not been able to break this vicious circle.

Is possible for us to avoid the trap and bring out those who have already fallen into this vicious circle? Please read on.

Due to their positive inner attitude, people of development direction three make frequent and intense use of positive qualities in their actions.

3. Development direction three

Let us look at the behaviour of people of development direction three who produce values like freedom, flexibility, understanding, tolerance, respect, compassion and love etc. for themselves and for others involved.

Let us analyse a story of two students who have recently started their studies at a university. One of them has started studying political economy and the other one philosophy and social sciences. By chance they meet in the canteen, start talking to each other and find each other sympathetic. They start meeting frequently and become friends.

Freedom: In the beginning everything goes well. Both of them are considerate and respect each other's freedom. And we see that a friendship developed based on mutual respect.

But in due course of time the student of philosophy comes to know that although he himself acts according to the principle: Make decisions concerning oneself without the interference and pressure of others, but at the same time to be careful that "my freedom terminates at that point, where the freedom of others begins". But his friend although demanded full freedom for himself, did not take much care for the freedom of others.

For common enterprises the one studying political economy realised quite often his wishes and notions without taking care of the rights, wishes and views of his friend.

The student of philosophy then discovered even more about his friend. The political economist hailed from a very rich business family. He had a lot of money at his disposal. He smoked costly tobacco in his pipe, drank a lot and in addition had some negative qualities like being angry, arrogant etc.

Initially the philosophy student thought it is better to terminate the friendship. But then he thought about his firm belief that one has to overcome barriers and use one's positive qualities to help others help themselves.

Flexibility: To know more about his friend, whether he find his own way back to positive behaviour, and if not how far he could assist his new friend in his further development, he adopted himself to the changed behaviour of his friend.

Here we see the value of patience, to remain steadfast despite the behaviour of others, but follow a parallel path for the fuller understanding of the truth.

Truth: He tried to open the friend up and learned that his friend was brought up by his parents as a single child with little care. The parents were more attentive to their business (make it as big as possible, earn a lot of money etc.), so that his friend experienced little love. In his heart he was a lonely person and not strong in positive behaviour.

Here the philosophy student produced a value: "To create a basis for oneself to practice humanity it is first of all necessary to know the truth".

Responsibility: Due to his positive attitude the philosophy student knew that his friend required help. He himself had the capacity to understand and to experience the value of love in practice.

Give instead of take: The philosophy student did not think of his comfort and benefit. Instead, by using of the quality "Give instead of take" he laid the cornerstone for a value to be achieved in the future for the further development of his friend and himself.

Understanding, non-violent communication, non-violent protests, tolerance, Respect, compassion: the philosophy student shows

understanding for the negative behaviour of his friend. He does not criticise him and conducts clarifying non-violent conversations about the incidents. Politely he tells him that his behaviour had hart him and requests him to change it in future. In case it is necessary, sometimes he uses non-violent protests to show him the results of his negative qualities. He himself is in search of such happenings and uses positive qualities to show his friend the achieved positive values.

This opened the eyes of the student of political economy. He saw the positive results himself and started practicing more and more positive behaviour.

Love: The result was a balanced friendship, filled with happiness and confidence to enjoy the fruits of a human relation filled with love.

People of development direction three practice predominantly positive qualities and possess amongst others following character traits:

- By acquiring greater knowledge of positive qualities and making practical use of them they live mostly without fear and enjoy life.
- They work hard for their material and immaterial development.
- They act according to the motto: The results achieved through my work are not for me alone. They take care of themselves and their family and use the surplus as "help them help themselves" for those in need.
- They practice self-discipline, self-control, straightforwardness, humbleness, patience, compromise, forgiveness etc.
- With non-violent protests and a positive communication, these human beings are in a position to talk and know the truth about their fellow beings in a group of two or in a small group (irrespective of development in which they find themselves). Their Purpose is to give a helping hand to others for further development.
- They do not entrap other people and do not get entrapped themselves by others.

- They are in search for fresh knowledge for self-development and pass on their learning to others for their development.

4. Development direction four

This is the highest development level for human beings. The job is not easy but not impossible and is understandable. People in this stage of development have acquired the following character traits:

- These human beings see the oneness of all – animate and inanimate (Universe, earth, living beings – Plants, animals, human beings etc.). They see the unity of the human species above the boundaries of countries, religions, their diversities or their stage of development. They observe that everything is connected to the other with networks and all are dependent on one another.
- They know that the different human beings/animals/plants etc. differ from one another in qualities, values produced by them and their respective kinds of development. But all are made of matter, energy and functional power.
- Religious people at high levels of development direction four perceive "God" in every form of existence. The sum total of everything for them is "God" (It is immaterial how you want to define this God).
- They also possess equanimity under difficult situations. They have vast reservoir of patience. Even in the face of the worst allegations and defamations they do not get offended. With an attitude of self-criticism they scrutinise and where required change their own attitudes and actions. They are quick to forgive and always ready to help others non-violently to change themselves positively.
- They adopt qualities of the highest degree and utilise them for the good of all existence. They know very well that every form of existence and every human being is on the time axis in a developing stage.
- They do not divide the world into friends and foes. They have achieved

the stage of accepting others as they are irrespective of their behaviour, whatever the values they produce and whatever the stage of their development. They are utterly selfless, their sole purpose is to help others non-violently to develop themselves in development direction three and four.

- Their awareness is so perfect, that even in the worst company they are not misled and remain on their path of development.
- Their happiness arises from making the others happy.
- Even when others deliberately harm them, they remain steadfast on the positive path, and help them to come out of their negative behaviour. These human beings with their power of non-violent protests and non-violent communication possess the strength, even against masses of human beings and countries, to achieve all possible positive results for the involved.

Do you know now the stage of development attained by the scientist Albert Einstein, Mother Theresa or Mahatma Gandhi as mentioned in "Qualities – generating values"?

The reduction of development direction one, means the development direction two reduces itself and development direction three and four get accelerated. But if less effort is given to development direction three and four, greater development occurs increasingly in development direction one and two.

But persons in the lower regions of development direction three and four may lose a part of their positive development if they get caught in conflicts between people of development direction one and two.

My solutions – which is your way?

1. The human-beings – Purpose

The more minutely scientists examine the various forms of total existence, the more they come to the conclusion that every form of existence fulfils a purpose. Firstly it fulfils the purpose of self-existence. At the same time it serves the purpose of the functioning and fulfilment of purpose of other forms of existence in the network of nature.

An example from the huge network of our existence: the sun rays photo synthesis with the plant world to produce oxygen, which is not used only for the self-functioning of plants but it is also made available to other forms of existence for self-preservation and development. This shows clearly that plant life fulfils its function, and at the same time helps the rest of living beings to fulfil their purpose.

Logically, as in the case of plant life, a certain development is expected from humanity and each human being to fulfil with fair actions, functions that ensure the function of self-preservation and development as well as existence and development of other forms of life.

Is it not useless as a human being to push aside the global responsibility, as a human being with the remarks, "it is job of the politicians", or "I did not know it", or "I am just one person, what can I achieve alone?" etc. etc. Please believe me, when you have made a decision for yourself, after reading the following, you can start alone.

It seems unbelievable that in future it may be possible to have a mature form of humanity on earth where no one harms one another and any of the other forms of existence. A Utopia? I say "No", when we develop ourselves appropriately.

Are there solutions? Can you as a corporate leader or a normal human being, immaterial where you live and what you do, can become an active "Fellow-shaper"? Would you like to make the following affirmations for yourself?

- It has become clear to me that today's forms of Globalisation/Neo-colonialism and world economic system make for the developed countries possible to exploit the developing countries. I would not wait till these systems change. As a beneficiary of this exploitation done to developing countries, it is my job under the limit of my possibilities to compensate it. Education instead Poverty.
- I am not going to wait till the politics, economy, economic system etc. change themselves. It is my job to work hard and earn as much money as possible and after fulfilling my responsibilities use the surplus for the needy in the developing countries as "help for self-help".
- I will become a "Fellow-shaper". I will personally undertake the job of "Helping people to help themselves". It is my job to see that this help reaches the needy to make them self-sufficient and successful.
- I have 40 US$/month surplus: Through a reliable NGO in developing countries I will take a godchild. This NGO supplies me full details about my godchild. I know which school/class the child is in, which subjects the child is studying, etc. I nurture my godchild as my own child till completion of education and starting of own family etc.
- I have 200 US$/month surplus: Through a reliable NGO in a developing country I find out parents who work hard along with their children to earn their bear living. The children do not go to school. I compensate the parents the money they earn through the work of their children. I take the children in hand while they live with their parents, and send them to school or learn a trade and carry on as described in the above paragraph.
- Or, I will support a youngster whose parents are not in a position to afford the costs of the university. I will be with the youngster till the education is finished and self-sufficiency is achieved.

- I have 900 US$/month surplus: I save this money e.g. for few months. Through a reliable NGO, in a developing country, I find out in a village an untouchable families who today work as agricultural helpers, live in poverty and the children do not go to school. I give this money to the NGO to buy them few cows or a piece of land. These families will stand on their own feet. Lifelong I will remain in touch with this family. The children go to the school/university and perhaps in a few years as developed human beings will be in a position to contribute to the development of humanity.
- I have 4,000 US$/month surplus: I will network with other people of similar possibilities. With the help of the Government e.g. in an African country, a vocational education centre will be established.
- I have 9,000 US$/month surplus: I will network with other similar people to take responsibility of one village in a developing country.
- We are millionaires / middle class billionaires/ super rich or we are political authorities or we are corporate executives: we will act alone or network with other similar people and take responsibility of many villages in a developing country. We will develop there infrastructure, schools, universities and industry.
- I will, depending upon my possibilities in my small group, my village, my city, my land, my continent, together with others, engage myself in non-violent protests against negative politics/world economic system (using the immense contact possibilities through today's enormous electronic media – the internet etc.).
- It is a difficult job to find out a reliable NGO. In India for example there are thousands of NGOs. The Planning Commission of The Government of India has recommended to contact a NGO in Mumbai which yearly gives out a list of 200 certified NGOs. The website of this NGO is: www. giveindia.org. On this website when you click "Certified NGOs" you will find a list of NGOs working in different fields. A detailed information of these "grass root NGOs" is available on this website. In spite of this it is important to have a direct contact with the person / persons receiving your help. Please be careful of NGOs who are not willing or not

in a position to make it possible for you to have a direct contact with the recipient of your help. In other countries a similar strategy has to be adopted.

- I know that my activities are led by my qualities and habits. I know also, that I have to do my actions more and more with positive qualities. As quickly as possible, I will give up my qualities of development direction one and two and use qualities of direction three and four (To read this please click above the link "Worth Knowing, "Human Values Development" and "Human material and immaterial values development)", if necessary I will take help of meditation. I will do my best to achieve the highest possible development in my life.
- According to my findings when you with all your best possibilities go on this path, you will experience a real joy of life which you have not witnessed yet.

2. Religions

All Religions of this world came into existence in different parts of the world and were based on the then and there prevailing culture, development stage of the people etc. Every religion, apart from its esoteric and mystic components, has given behavioural guidelines for the development of a human being as well as for coexistence with other human beings.

Sadly enough the religions have not created a common basis for the human beings of this global world. Seeing from today's perspective the main religions have laid greater weight on the development of esoteric and mystic components. Up till now they have not succeeded in developing a world community which produces positive values for all human beings of this earth.

In today´s global world every human being requires common guidelines for self- behaviour for living together with other human beings and other

forms of existence on the earth to enjoy life with security, success and happiness.

It is the job of the religions, together with politics, to propagate and sharpen the awareness of human beings globally, in the schools, training institutions, politics, economy and academies etc. for the "positive global human values", social fairness and corporate ethical-moral-responsibility towards all forms of existence (human beings, animals, plants etc.)

3. Politics

In "Globalisation/world economic system" we have seen today's politics of countries/group of countries/continents in interaction with the world economic system.

In 2016 Elections in USA the right-wing of the Republicans won the elections. It showed that many people in USA are not happy with their present economic and other conditions. The Slogan of President Trump "America First" made it clear that US Government want to take care of their own problems. Their attitude towards flagging European-Union or less interest in NATO etc., shows that the World Power of the western world USA is not interested in their leading roll.

Is not this a chance for the World Politics? The UN has the job to control the world politics. But does not have the necessary full power.

Is the time not ripe for the politicians of the developed countries to act not only for the development of their own countries/group of countries/continent but consider with their every action the impact on the development of every other country and every human being on earth?

Let our world politics be reformed as follows:

A World Government will be installed. There will be no United Nation Security Council.

This World Government and the governments of the countries/group of countries work together on the principles of a federal system. The World Government is responsible for the unity, constancy and observance of a fair and equitable behaviour among all countries. Institutions like IMF, WTO, World Bank etc. will be modified and put directly under this World Government, so that these cannot be manipulated by individual countries for their own benefits.

The responsibility of the World Government, in close coordination with governments of the member countries, will be as follows:

- Create framework with the Governments of the countries/group of countries for a purposeful material and immaterial development of all people on earth.
- Under the World Government a world institution for "Help for self-help" will be installed. All the members install an institution of "Help for self-help" in their countries. The aim is: Remove the miserable situation of the poor in the developing countries.
- The respective government of the member countries will install the Institutions of "Help for self-help" in different parts of the country.
- In coordination with schools, professional training centres, universities etc., the job of "Help for self-help" Institutions would be to help, train and empower the needy according to their capabilities and mission.
- The possession of arms and their use anywhere in the world is under control of this World Government. Through preventive measures it is the job of World Government to prevent any conflict between nations. Aim is to solve the problems without use of force.
- To accomplish these responsibilities, finances and know-how are needed to ensure a meaningful industrialisation of the Developing

countries. The controlling power over the finances will be with the World Government. A "World Help Fund" will be created. The developed countries like USA, Canada, EU, Australia etc., instead of present development aid, will make a financial contribution in this fund. The developed countries will supply the know-how free.

4. World economic system

How will it be if we together change our existing world economic system in the light of the "global economic family". Let us together stop the till today ongoing exploitation of the developing- and emerging Market countries. Following are few basic thoughts.

For manufacturing any product we human beings require money, raw materials (such as iron ore, crude oil etc.) and knowledge. It will be the job of the World Government to establish a world economic system with following basic criteria. The development of the framework as well as co-ordination and control will be in the hands of the World Government. The principle of federalism in working together of World Government and all the countries/group of countries will be applicable here also.

Here are the Basic Criterions

- Through "help for self-help" the developed countries like USA, the European countries etc. (under the coordination and control of the World Government) will make sure that the developing countries, as far as the developing countries want for themselves, are developed. After that every country/group of countries will produce its own demand, so far possible and sensible, as per its own requirements. Production of products will be possible only when the human beings have, as written under "Human-Beings- purpose" have gone to the school, have learnt a

trade and have gone to the university. Trade balance should be equal. In-Payment should be equal to Out-Payment.

- The raw materials (gift of nature) will be divided per person on the earth. Every country/group of countries, depending upon number of inhabitants, gets raw materials for their countries.
- The worldwide created knowledge (Research & Development), irrespective of where a piece of knowledge is created, will be passed on immediately to other human beings on earth.
- The cost of extraction of raw materials will be made available through an Investment fund which is put under the coordination and control of the World Government. The countries/group of countries divide the costs as per their GDP.
- This way it can soon be yesterday that the export subsidised agricultural from USA and European countries are sold in Africa. Or that the bottles filled in Europe with drinking water are being sold in Africa or other parts of the world because there are no water treatment and bottle filling plants.
- As far as possible the trade takes place directly between the producer and consumer. The multiple trade levels – export/Import/wholesale/retail can be dispensed with. For the transport/delivery/customer service companies will exist in all parts of the world.
- The competition between the human beings/countries/continents is regulated differently. The human beings communicate and compete with one another worldwide for further development of the products which help the human beings to achieve a optimum material and immaterial development.
- All the human beings on earth are freelance – from worker to a business owner. Every human being is free to choose his/her profession and get trained according to interest and capabilities. As a "fellow-shaper" every human being enjoys equal dignity according to principle of subsidiarity and has the responsibility to provide "help for self-help" to other human beings.
- Every occupational group has its own association. Every association is a member of umbrella association of the world. The umbrella

associations are put under the coordination and control of the World Government.

- Every occupational group – from a worker to business owner has an income depending upon occupation, capabilities, performance etc. It will be the job of the associations and umbrella associations to specify fair income measurement categories. The highest and the lowest income has a ratio a factor. This factor is so determined that no human being on earth earns less than 50% (defined by WHO as poverty line) of the average income on the earth.

5. CONCLUSION

When we human beings succeed in implementing what is written in these pages the results and benefits that can be expected are:

- Every country/group of countries/continent sine qua non will have the in-house resources required for the production of the products which make sense and can secure the material and immaterial development of its citizens.
- The exploitation and wars in the world which take place to ensure the supply of required raw materials will cease.
- Jobs do not wander from one country/continent to others for cheaper production costs but remain in the country/continent itself. There will be hardly any unemployment. It will be possible to regulate working hours according to the level of technological development and the degree of automation.
- All over there will be independent human beings who together share the work for the further material and immaterial development of all human beings on earth.
- There will evolve a humanity which works globally (beyond the borders of countries, continents, colour, sex, stage of development, politics, religions etc.) for a positive development of all existence.

- This path will bring all a happy life. For example: What do the parents who bring up their children and make a lot of things available for their development (often with self-sacrifice) get? Pure happiness, when these children later independently master their lives and develop themselves to be good human beings.
- What amount of happiness can a person await, when that person through "help for self-help" stands by others as much as possible for their development?
- And for the religious human beings: Irrespective of the religion to which a human being belongs, he can attain the final aim propagated by his religion here on earth and not after death (because that person is in a position to perceive the oneness of the totality and for whom God is nothing but the sum of all the functional powers existing in all human beings, animals and plants etc.

Muslims will achieve their "Jannah"; The Christians and Jews after the separation of Adam/Eve from God "unification" with God; the Buddhists their "Nirvana" and the Hindus their "Moksha", during their lifetime and not after death.